KB167250

위대한 도서관
건축 순례

차례

Contents

프롤로그

도서관을 글자 그대로 풀이하면 책을 모아 둔 집을 말한다. 박물관이라는 말이 단순히 온갖 잡동사니를 모아 둔 곳이 아니듯 도서관의 의미도 글자의 뜻처럼 그렇게 간단하지는 않다. 도서관 일꾼들이 만든 『도서관·정보학 용어사전』을 보면 '도서관은 도서 및 이와 유사한 자료를 수집, 정리, 보관하여 독서, 조사, 연구, 참고, 취미오락에 이바지할 목적으로 조직·운영되는 시설물'이라고 구체적으로 밝히고 있다. 하지만 이것으로는 미흡하다. 이들 자료가 효과적으로 보존, 이용되도록 필요한 시설(건물)과 장서(책), 사람(사서 및 이용자) 이 세 가지 요소가 절묘하게 조직된 유기체라는 것이 전제되어야 하고, 인류문명과 함께해온 도서관의 오랜 역사부터 이해해야 올바른 도서관의 정

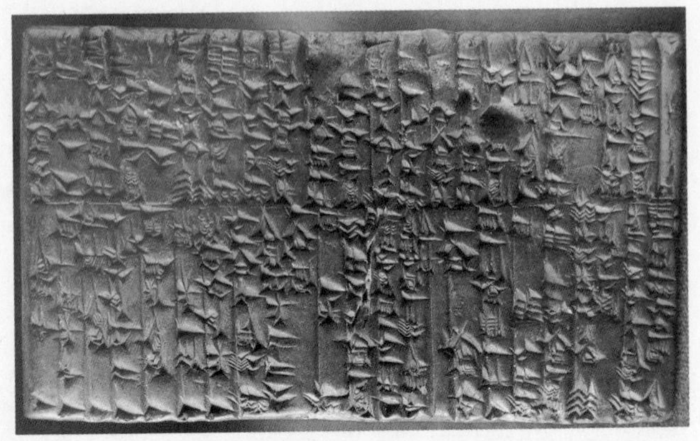
고대 수메르인들이 쓴 점토판 책(미국 의회도서관 소장).

의가 나온다.

도서관의 역사는 인류문명의 역사와 같은 수레바퀴로 굴러왔다. 도서관이 인류의 가장 빛나는 문화유산의 하나라는 것은 5천 년까지 거슬러 올라가는 그 역사만 보아도 짐작이 간다. 기원전 3,000년 인류문명의 발원지 메소포타미아 부근 고대 수메르인들이 쓴 점토판 목록에서부터 이집트의 파라오 람세스와 아시리아의 왕 아슈르바니팔이 만든 고대 도서관은 인류역사와 같은 끈으로 엮어져 있다.

도서관의 생명줄은 계속해서 알렉산드리아, 페르가몬, 로마로 이어졌다가 잠시 사라진 듯했지만, 중세 수도원도서관으로 다시 탄생하고 그것은 대학도서관으로 맥을 잇는다. 그 뒤를 따른 근대적 공공도서관과 국립중앙도서관의 출현이 없었다면 오늘날 이만큼의 문명사회는 상상하기 어렵다.

도서관의 생성과정을 보면 인류의 소중한 기억을 그림이나 글로 기록해 오래 간직하자는 데서 비롯되었다. 중동지역 소아시아에서는 진흙을 구워 글을 새기고, 나일 강 유역에서는 파피루스를 잘라 기록한 후 저장할 곳간을 만들었다. 동양도 별로 다르지 않았다. 중국 은(殷)나라 때 거북의 등에 새겼던 갑골문자(甲骨文字)가 한자의 원형이 되어 복희씨가 황하에서 얻은 그림으로 팔괘(八卦)를 만들고, 하(夏)나라의 우(禹)왕이 낙수에서 얻은 글을 하도낙서(河圖洛書)라 했다. 여기서 나온 말이 오늘의 책(圖書)이 되고, 책을 모아 둔 곳간이 바로 '도서관'이 된 것이다. 도서관은 단순히 책만 보관하는 창고가 아니라 인간이 살아온 역사와 문화를 보관하는 지식의 보물창고다. 기억을 새겨 어디에 보존한다는 것은 지식을 축적하는 것이고 그렇

고대 알렉산드리아도서관 상상도.

게 모은 지식으로 오늘의 문명세계를 이룩한 것이다.

애초 도서관은 절대 권력자가 통치에 필요한 자료나 세금, 전쟁과 관련된 사실을 기록해 보관하는 비밀스러운 장소에서 출발했다. 움베르토 에코의 『장미의 이름』은 앎의 대가가 죽임을 당하는 것을 골자로 하고 있다. '안다'는 것은 불길한 징조여서 지식은 그만큼 위험한 존재였다. 그러기에 지식을 쌓아두는 곳은 아무나 가까이 못 하는 금단의 장소로 오직 제왕만이 누릴 수 있는 폐쇄된 공간이었다.

도서관은 좀 더 진화해도 모두에게 개방된 것은 아니고 왕족이나 귀족, 성직자 등 특수층의 전유물로 자신의 권위와 부를 과시하기 위한 수단으로 이용했다. 동시에 자신이 가진 수장물을 장기간 보존할 수 있도록 시설이 견고하여 풍수와 재해로부터 방재(防災)될 수 있는 조건만 갖추면 그것으로 충분했다. 점차 인지가 개발되고 문화가 발전함에 따라 도서관의 목적도 변화하여 보존적 기능에서 이용적 기능이 부가되었다. 따라서 도서관은 일부 특권층이 독점해온 그들만의 공간을 넘어 만인이 효과적으로 이용할 수 있는 기능성과 실용성을 갖춘 건축물이 필요하게 되었다.

오늘날의 도서관은 어느 개인의 독점물이 아닌 공공시설물로 그 종류가 여러 갈래로 나누어진다. 설치 목적에 따라 국립(중앙)도서관, 공공도서관, 대학도서관, 학교도서관, 전문·특수도서관 등으로 구분되어 설치한 목적과 이용자의 성격과 유형에 따라 건물의 규모와 구조가 달라질 수밖에 없다. 그러나 도서관이 원천적으로 가지고 있는 기능적인 측면에서 책을 이용하고 보존한다는 사명은 결코 다르지 않다.

좋은 도서관의 자격은 어떻게 하면 책들을 원형 그대로 오래도록 유지할 수 있는가와 얼마나 사람들이 효율적으로 이용할 수 있는가에 달려 있다. 그렇다면 먼저 도서관을 어디에 지을 것인지 터(site)가 매우 중요할 수밖에 없다. 이를테면 명당(明堂)을 말하는 것인데 풍수학적으로 해석하려는 것이 아니다. 우스갯말로 오늘날 대도시에서 아파트의 명당은 '좌전철 우마트'라고 한다. 왼쪽에 전철역이 있고 오른쪽에 마트가 있으면 최상급의 아파트라는 것이다.

공공도서관일 경우 '좌전철 우공원' 또는 사람이 모이는 곳을 택하여 교통이 편리하고 사람이 움직이는 동선의 거리가 짧을수록 좋다. 또 대학이라면 도서관은 대학본부, 학생회관과 삼각벨트(triangle)를 이루어 캠퍼스 내 어디서라도 10분 이내에 걸어 닿을 수 있는 위치라면 나무랄 데 없다. 이런 조건에서 이상적인 터는 다른 건물들과 조화롭게 어울리면서도 적당한 일조량이 확보되어 적절한 온·습도가 유지되고, 비교적 소음이 적으며 사람과 자료보존에 쾌적한 환경을 마련해 주는 곳이라면 최상의 명당이라 할 수 있다.

그리고 도서관 건물은 일반 건축물과 같을 수는 없다. 특이한 점이라면 책들의 온전한 보존을 위해 에너지를 생각한 친환경적 건물이어야 하고, 관리가 쉽도록 단순한 구조에다 편리한 이용을 위해 효율성이 있고 기능적인 시설물이 뒷받침되어야 한다. 여기에 더하여 도서관은 사람과 책 그리고 건물, 세 요소가 유기적인 조화를 이루도록 친근감을 주며 매력적이고 아름다워야 한다. 그리고 도서관 안팎 여유 공간에 지식과 정보를 상징하는 책이나 로고, 기타 명구(名句)를 넣어 '지식의 보물창고'라고 인식시켜 준다면 금상첨화라 할 수 있다.

이 책은 인류문명의 유적으로 남아 있는 고대 도서관을 시작으로 21세기에 완공된 최첨단 도서관까지 내가 직접 가 보았거나 문헌과 그림 또는 사진으로 본 '지상의 아름답고 위대한 도서관'을 대상으로 했다. 특히 건축물을 중심으로 그것이 오랜 시대를 거쳐 오는 동안 어떤 모습으로 이룩되어 왔는지, 그리고 도서관들이 유형에 따라 어떤 특징을 가지고 우리에게 어떤 의미를 주며, 전하고자 하는 메시지가 무엇인지 찾아보고자 했다. 주로 겉에서 보는 것으로 한정되겠지만 그 속에 담긴 내용물과 사람 요소도 관찰하려고 했다.

사실, '도서관 건축'을 말하는 나는 건축가도, 건축 설계사도 아니다. 다만 대학에서 수년간 '도서관 건축론'을 강의한 내용과 그때 사용한 옛 노트를 보태고, 세계의 저명한 도서관을 탐방하면서 거기서 보고 들은 경험을 모은 건축기행문이라 할 수 있다. 따라서 이야기할 주제는 공학적 '건축'이 아닌 인문학적 '건물'에 초점을 맞출 수밖에 없다. 끝으로, 마지막 장을 빌려 그동안 평소 느끼고 생각해오던 '우리 도서관 건축, 무엇이 필요한가?'를 주제넘게 다루어 보려고 한다. 그러면 지금부터 도서관 건축을 보러 시간여행을 떠나보기로 하자.

고대 알렉산드리아도서관

우리가 죽으면 시신을 북망산으로 향하는 것과 달리, 옛날부터 이집트 사람들은 무덤의 머리가 동쪽을 향하도록 했다. 여기에는 그들의 수호신인 태양이 동쪽에서 처음 떠오를 때 영혼이 있는 머리가 먼저 영접해야 한다는 깊은 뜻이 담겨있다. 동시에 도서관 창들도 모두 동쪽을 향해 열어 두었다. 성스러운 도서관에서 먼저 태양신(Ra)을 맞이한다는 의례와 함께 거기에 소장된 파피루스를 오래 보호한다는 과학성을 겸한 그들의 지혜가 조상 때부터 이어졌기 때문이다.

책을 오래도록 보관하기 위해서는 서고의 창이 해가 뜨는 동쪽으로 나 있는 것이 유리하다. 도서관은 햇살이 아예 없어도 안 되지만 오후의 늦은 석양빛이 강하게 들어오면 벌레가

책 속으로 파고든다. 신선한 아침 햇살이 파피루스의 습기를 빨리 없앨 수 있다는 사실을 그들은 이미 알았던 것이다.

도서관의 역사를 돌아보면 한없이 거슬러 올라간다. 공인된 인류 최초의 도서관은 기원전 600년경 아시리아 왕 아슈르바니팔이 제국의 수도였던 니네베(Nineveh)에 자신의 통치문서와 책을 보관하는 장소였던 아슈르바니팔도서관(Ashurbanipal Library)을 말한다. 그러나 아슈르바니팔도서관보다 더 오래된 도서관이 존재했다는 신화 같은 사실을 우리는 잘 모르고 있다.

기원전 1,200년 이집트의 파라오 람세스는 이미 체계적인 도서관을 갖추고 활용했다. 람세스 2세는 도서관을 통해 얻은 지식으로 67년간 이집트를 통치했다. 제례와 철학, 고문서들에 대한 지식 없이는 이집트를 다스릴 수 없었던 것이다. 여기에 더하여 그는 죽어서도 도서관과 함께했다. 그의 시신이 놓여 있는 지극히 성스러운 곳에 지성소(至聖所, Sancta sanctorum)를 마련해 둔 것이다. 그 안에는 파피루스 두루마리를 쌓아놓고 영혼이 돌아와 책을 읽으며 요양할 휴식공간을 만들었다. 그 입구 문틀 위에는 〈영혼의 요양소〉 현판을 붙이고 '신성한 도서관'이라고 불렀다.

가장 호화로운 신전에 붙였던 〈영혼의 요양소〉 팻말은 여기서 끝나지 않고 그대로 이어져 고대 알렉산드리아도서관에도 똑같은 문패를 붙였다. 알렉산드로스 대왕은 헬레니즘 대제국을 건설하고, 지중해 남단에 아테네를 능가하는 큰 항구도시를 만들어 새로운 수도를 정해 자기의 이름을 붙여 알렉산드리아라고 불렀다. 이 도시는 당시 지중해에서 가장 큰 무역도시로 전 세계 문화의 중심지가 되어 600년 동안 번성을 구가했다. 대왕은 세계 최고의 도시를 건설토록 지시하여 도시의 도로를 격자형으로 구축하고 왕궁지역을 비롯한 문화시설에서부터 귀족의 지하무덤까지 모두 갖춘 도시의 마스트플랜을 완성했지만 그 끝을 보지 못하고 세상을 떠났다.

알렉산드로스의 뒤를 이은 프톨레마이오스 1세(Ptolemaeos I)는 기원전 288년 데미트리우스(Demetrius)에게 명하여 동서 문명을 아우르는 세계 최대의 알렉산드리아도서관을 세우게 하고 두루마리 70만 권(오늘날 코덱스 형태의 책으로 10만 여권)에 달하는 엄청난 파피루스를 모았다. 이 도서관은 종래의 군왕이나 일부 특권층이 독점하던 책과 시설을 학자는 물론 시민과 함께 공유했다는 점에서 근대적 도서관의 효시로 낙점되어 오늘날 도서관 인들의 성지가 되고 있다.

알렉산드리아도서관은 도서관이 유기체(organism)와 같다는 것을 우리에게 일깨워 준다. 도서관은 유용하게 사용하면 계속 성장하지만 그렇지 못하면 곧 중요성을 잃게 되어 결국 소멸하고 만다. 안타깝게도 사라져버린 알렉산드리아도서관의 크기와 규모는 잘 알려지지 않고 있다. 지금까지 인류가 만든 가장 큰 건축물은 단연 이집트에 있는 피라미드이다. 하지만 피라미드는 인간이 거주하는 공간이 아니라 '영혼을 위한 공간'이다. 인류의 위대한 건축물의 하나인 파르테논 신전 역시 '사람의 공간'이 아니고 '신의 공간'이다. 이집트 왕가의 계곡도, 로마의 카

타콤(Catacomb, 고대 로마 귀족의 지하무덤)도, 인도의 타지마할도 모두 삶의 공간이 아닌 '죽음의 공간'인 것이다. 고대의 인간은 현세의 삶을 위한 건축물보다 미래에 영원히 함께 할 영혼과 신을 위한 공간에 더욱 애착을 두고 큰 집을 지었다. 지금 지상에 남아있는 가장 위대한 건축물은 거의 영혼을 위한, 신을 위한 집이다. 그렇다면 '영혼'의 간판을 달고 있는 도서관의 규모는 얼마나 크고 웅장했는지 가늠할 길이 없다. 다만 그 내부를 그린 상상도가 남아 있어 이것으로 추측만 해 볼 뿐이다(5쪽 그림 '고대 알렉산드리아도서관 상상도' 참조).

이곳은 원래 뮤즈(muse, 지혜와 학예 등을 관장하는 아홉 여신)들이 사는 집으로 무세이온(museion)이라 했다. 그래서 일각에서는 박물관(museum)의 원조로 일컫기도 하지만 그것보다 도서관을 중심으로 박물관과 교육시설을 함께 모은 일종의 종합학술센터라 할 수 있다. 이러한 시설에서 많은 학자가 양성되어 천체관측과 지구둘레를 연구하고 인류 최초의 세계지도('프톨레마이오스 지도'로 부르며, 지금 이 도서관에 보관하고 있다)를 제작하는 등 다양한 연구를 통해 새로운 지식을 정립했다. 이렇게 거대한 일을 추진하고 실천할 수 있었던 것은 위대한 도서관 없이는 불가능했다. 이곳을 '서구 문명의 요람(The cradle of western civilization)'이라고 부르는 이유가 여기에 있다.

무엇보다 알렉산드리아가 위대할 수 있었던 것은 그곳에 도서관이 있었기 때문이다. 세계의 모든 책을 수집, 보존해 구약성서를 비롯한 지중해 근역, 중동, 인도 등지의 언어를 그리스

알렉산드리아도서관 칼리마코스 로비. 최초의 활판인쇄기가 전시되어 있다.

어로 번역하고, 학자들이 연구한 내용으로 책을 만들어 오늘날의 도서관 기능을 앞질렀다. 나아가 학문과 정보가 어우러진 두뇌집단으로서 질서를 갖춘 근대적인 도서관이 되어 인류 문명을 이끈 거대한 수레바퀴 역할을 했다.

인류의 거대한 문화유산인 알렉산드리아도서관은 아쉽게도 역사의 무대에서 사라졌지만 사라진 지 1,600년 만에 같은 자리에 유네스코와 여러 국가의 도움으로 2002년 같은 이름의 새로운 도서관이 지어졌다. 도서관은 세계 최대, 최고라는 고대 알렉산드리아도서관의 명성에 걸맞게 규모 면에서 압도적이다. 건물은 모두 3개 동의 초현대식 인텔리젠트 빌딩으로 구성되어 있다. 대지 8만 5,405평방m(약 2만 5,800평)에 지중해에서 바라

볼 때 왼쪽 중심 건물이 되는 도서관은 지상 7층, 지하 4층, 모두 11층 규모로 원형을 바탕으로 하고 있다.

본관 오른쪽 건너편에는 지붕 창이 몇 줄로 철갑처럼 솟아 있는 지상 5층의 국제회의장이 있고, 두 건물의 가운데인 플라자 중앙에는 지름 20여m인 축구공 절반을 쪼개 놓은 모양의 돔이 반지하에 건설된 플래네타리움(Planetarium, 일종의 천문대) 옥상에서 해가 떠오르는 표상을 하고 있다. 동시에 이 돔은 푸른 조명이 비치는 캄캄한 밤에 보면 마치 우주에서 지구가 떠오르는 모습 같기도 하다. 여기에 더하여 건물 사이에 있는 광장에는 올리브나무를 심어 '평화의 손'을 펼치는 것으로 상징화했다. 그보다 더 상징적 심볼은 상형문자를 만든 나라답게

새로 건립한 알렉산드리아도서관, '문자의 벽'으로 둘러싸여 있다.

인류가 만든 120개의 문자를 새긴 '문자의 벽'으로 둘러싸인 흰색 화강암 외벽이다. 누구라도 이 벽을 쳐다보면 신성한 도서관의 정기를 느낄 수 있다.

고대 그리스의 도서관

고대 그리스의 도서관은 기원전 6세기부터 기원후 3세기까지 존재했지만 외형적 유물이 거의 사라져 옛 문헌에서만 확인할 수 있다. 그 시기 그리스인들은 페니키아인들이 사용하는 알파벳을 그들의 언어로 채택, 활용함으로써 서구문명을 이끄는 선도국가가 되었다. 헬레니즘 문명은 하루아침에 등장한 것이 아니다. 미술을 비롯한 문학, 역사, 철학이 크게 발달한 데는 장구한 세월 동안 지식을 축적해 온 도서관이 큰 역할을 했다. 그래서 국가가 도서관을 세워 인재를 키우기도 했지만 당대 지식인과 귀족들은 자신들이 직접 도서관을 건립하기도 했다. 오늘날 민주주의의 진원지가 바로 그때의 도서관(Bibliotheca)이었고, 김나지움(gymnasium, 일종의 체육관)이었으며, 아고라(agora, 사람들이 모여 토론하는 집회장 겸 물건을 사고파는 장터)였다. 소크라테스, 플라톤, 아리스토텔레스가 등장한 것도 바로 이 무렵이다.

아리스토텔레스는 소요학파(The Peripatetic School)를 설립하여 학생들을 직접 가르쳤다. 그는 400여 점의 두루마리로 된 자신의 저작물을 포함하여 친구와 제자들로부터 입수한 책으로 자신의 도서관을 가지고 몸소 분류체계를 만들어 가르쳤으며 이 시스템을 이웃 나라까지 전파해 사서의 진면목을 과시했다. 그래서 지금 많은 도서관인들은 그를 교육자, 철학자라기보다 '선배 사서'로서 그들의 멘토로 삼기도 한다.

비슷한 시기 알렉산드리아도서관과 비견되는 또 하나의 위대한 도서관이 존재했다. 바로 페르가몬도서관(Bibliotheca Pergamum, 현재 터키 이즈미르 북쪽 해안에 있음. '베르가마'라기도 한다)이다. 아탈로스 왕조(Attalus I, 기원전241~197)는 보잘것없는 작은 그

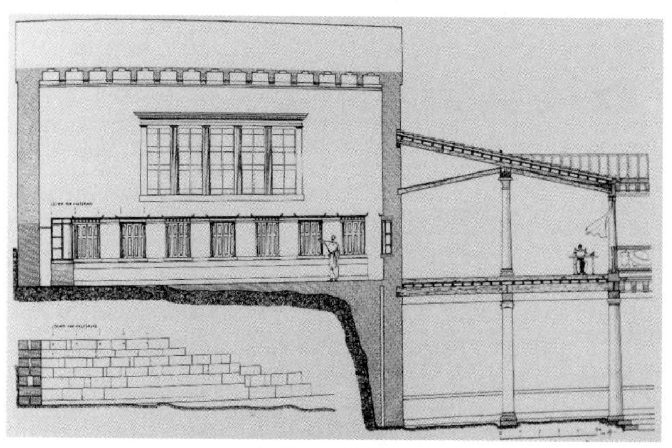

페르가몬 도서관 상상도.

리스의 식민도시 페르가몬을 예술의 도시로 승격시켰다. 페르가몬 언덕에 아테나(Athena, 지혜의 여신)의 신전을 세우고 부속 건물로 도서관을 만들어 국가적 차원에서 알렉산드리아도서관과 경쟁적으로 책을 수집했다. 지금은 그곳에서 나온 유물과 흔적들이 거의 사라져 문헌과 그림을 통해 옛 도서관을 복원해 내고 있을 뿐이다.

페르가몬도서관은 신전의 회랑으로 둘러싸인 성소 안에 자리 잡고 있었는데, 모두 2층 건물로 회랑의 북쪽 면을 따라 한 줄로 이어진 네 개의 방으로 되어 있다. 가장 큰 방은 가로 16m, 세로 14m에 너비 1m의 기단을 갖추어 양쪽 벽과 뒷벽에 평행으로 놓여 있다. 다른 세 개의 방은 길이 13.4m, 너비 7~12m에 이르는데 각 방은 서고로 구분되어 있다. 사면의 벽에는 나무로 된 서가를 세우고 두루마리 장서를 가득 채웠다. 나중에 안토니우스가 페르가몬도서관의 장서 20만 권을 그의 애인 클레오파트라에게 선물한 것도 모두 여기의 책들이다.

도서관 각 방은 회랑으로 이어지는 출구를 열어두고 일일이 책들을 펼치지 않아도 내용을 알 수 있도록 표지를 만들어 이용자들이 쉽게 이용할 수 있는 목록시스템을 만들었다. 이는 알렉산드리아도서관의 사서 칼리마코스(Kallimachos)가 고안한 120권에 달하는 피나케스(Pinakes) 목록 때문이라고 전해진다.

이곳 페르가몬도서관은 알렉산드리아와 달리 양피지 책을 주로 취급했다. 가죽에 무엇을 기록해 남기는 것은 근동지역의 오랜 관습이기도 하고, 아탈로스가 이곳을 지배할 때 가축을

페르가몬도서관 메인 홀에 있었던 플라톤의 저작물이 담긴 대형서가.

많이 길러 가축생산의 중심지로 만들었기 때문이기도 하다. 그보다 더 큰 이유는 이집트 통치자들이 알렉산드리아도서관보다 페르가몬도서관이 더 발전할 것을 두려워하여 파피루스의 수출을 금지했기 때문에 국가사업으로 양피지를 생산할 수밖에 없었다고 한다. 도서관의 크기는 나라의 크기와 같다고 생각했던 그들에게 도서관은 바로 국가의 상징이었다. 지금 '페르가몬의 종이'를 라틴어로 페르가메나(pergamena), 즉 양피지(parchment)로 부르는 이유도 그들이 국가의 힘은 곧 책으로부터 나온다고 굳게 믿었음을 보여준다.

이밖에 대부분 그리스의 공공도서관들은 목욕장과 극장을 갖춘 김나지움과 함께 쓰는 복합건물 안에 있었다. 김나지움은 도시청년들에게 운동과 군사훈련을 가르치는 교육장소로 교실, 강의실, 회의실과 함께 있어 도서관도 도시 청년들에게 자연스럽게 이용되었을 것으로 추측하고 있다.

그리스는 결국 로마에 정복당했지만 로마의 문화는 그리스에서 그대로 옮겨왔다. 건축 또한 다르지 않다. 차이점이라면 그리스가 직각형 건물에 페디먼트를 세우고 열주를 나열한 예술성을 띤 건축이라면, 로마는 아치형에 돔 형식을 갖추어 실용성을 추가했다는 점에서 구분이 가능하다. 지금 터키 켈수스 도서관이 있는 에베소에 가면 하드리아누스 신전이 아직도 남아 있다. 신전의 아름다운 문은 두 겹으로 세워져 있다. 앞에 있는 아치형 문은 로마 건축양식의 전형이고, 그 뒤 안쪽 중앙에 메두사가 조각된 직각 문은 그리스 건축양식이 분명하다. 누구든 상식적으로 그리스와 로마의 건축양식을 이해하려면 건물테두리 또는 문의 형태가 아치형이냐, 아니면 직각으로 되어 있는가에 따라 판별하는 것이 가장 쉽다.

도서관 건물도 그 범주에서 벗어나지 못했지만 결국 서로 융합되어 거대한 서양 건축의 원류를 이루었다. 초기 그리스와 로마의 도서관은 대개 바실리카(basilica, 로마 시대 법정과 공회당 따위에 사용된 장방형 건물로 가톨릭교회의 초기모델이 됨)풍의 직사각형 건물 안벽에 벽감과 선반을 두어 책들을 진열하고 사람들은 가운데 앉아 책을 보도록 했다. 다만 전통적으로 로마가 도서관을 이용하는데 치중했다면 그리스의 도서관은 보존에 중점을 두었다는 점에서 차이가 있다.

로마의 도서관

로마 최초의 도서관에 대해서는 다양한 의견이 존재한다. 기원전 450년경 신전에 책을 모아 의식에 사용한 일이라고 하는 의견도 있고, 12개의 점토판에 로마법을 새겨 대중에게 공개한 것을 가지고 추정하는 사람도 있지만 정설은 아니다. 문헌에 나타난 최초의 도서관은 기원전 168년 군대 지휘관이었던 파울루스 애밀리우스(Paulus Aemilius)가 마케도니아를 정복한 후 전리품인 책으로 도서관을 만든 것이다. 정복자들은 약탈한 희귀 서적과 값비싼 보물, 각종 조각품 등 움직일 수 있는 것이라면 모두 로마로 운반했다. 병사들이 값비싼 보물을 취하고 있을 때 애밀리우스 자신은 "자식을 위해서는 황금보다 책이 더 귀하다!"고 하여 오직 책만을 모았다는 이야기가 지금까지 금

언(金言)으로 전해져 오고 있다.

원래 로마인들은 책 읽기를 좋아했다. 혼자서 독서를 하기도 하지만 공공장소에 함께 어울려 책을 읽고 토론하며 때로는 빌려주기도 했다. 책을 독점하지 않고 공유하는 정신은 곧 사회적 장치로 승급하여 그것이 도서관을 잉태한 실마리로 보는 견해도 있다. 이처럼 로마인들의 도서관 정신은 마침내 정치인 율리우스 카이사르에까지 영향을 주었다. 그는 집권하자마자 로마에 공공도서관 설립을 의무화하고 알렉산드리아도서관에 버금가는 도서관을 계획했지만 기원전 44년 피살되어 그 뜻을 이루지 못했다. 그 후 초대 황제 아우구스투스는 아폴로 신전에 부속 건물로 도서관을 세웠고, 이어서 트라야누스(Traianus) 황제는 서기 114년 독립 건물로 울피아도서관(Bibliotheca Ulpia)을 설립해 장서 3만 권을 갖추게 했다.

로마에서 가장 화려했던 울피아도서관 모형.

일명 '트리야누스도서관'으로 부르는 이 도서관은 로마에서 아름답고 화려한 건물로 손꼽혔다. 중심부에 트라야누스 포럼(forum, 광장)을 만들어 황제의 전신상이 있는 타워를 중심으로 가운데 공간에는 여섯 개의 원기둥으로 천장을 덮어 밖에서 책을 읽는 데 지장이 없도록 했다. 가운데 야외 공간 좌우에 대칭된 두 개의 도서관을 나란히 배치해 한 곳은 그리스어 책을 모으고 다른 한 곳은 라틴어책을 모았다.

도서관 안으로 들어오면 방 뒤쪽으로 대형 조각상을 배치할 수 있는 넓은 공간이 있다. 뒷벽에 서가 4개, 측면 벽에는 7개 등 모두 36개의 서가를 세워 두었음에도 층마다 벽감(niche, 책이나 조각상을 넣어두기 위해 벽을 움푹 파낸 곳)을 여러 개 둔 것을 보면 도서관이 단순히 책만 보관하는 창고가 아니라는 것을 반증해 준다. 또한 갤러리를 받치고 있는 원기둥들 사이에 청동문을 달았는데 실내의 장식과 잘 어울려 매우 호화스럽다. 겉의 모습도 내부와 잘 어울리게 짝을 이루고 있다. 지중해 연안에서 생산되는 양질의 석벽은 물론 바닥은 북아프리카산 대리석으로, 내벽과 처마장식은 소아시아산인 다채로운 색깔의 대리석으로 치장한 것을 보면 당시 도서관의 사회적 품격(social status)은 분명 상당히 높은 수준이었던 것 같다.

이처럼 로마 황제들은 도서관에 깊은 관심을 두어 초대 황제 아우구스투스에서부터 트라야누스까지 도서관의 수는 엄청나게 늘어났다. 그 후 많은 도서관이 화마로 소실되기도 했지만 서기 350년경 로마의 주요 건물을 기록한 리스트에는 모두 29개의 도서관이 있었다고 한다.

이렇게 황제가 세운 도서관 말고도 로마의 귀족이나 성직자, 학자 그리고 돈 많은 부유층도 대부분 크고 작은 도서관을 가지고 있었다. 당시 책은 권력과 부의 표상이기 때문에 반드시 학문을 위해서라기보다 저택의 장식적 가치와 지성의 상징으로서 귀족사회에서 흔히 풍미하던 현상이라 할 수 있다. 한때 황제 네로와 문학 동지였고 대시인이었던 키케로(Cicero)는 자신의 개인도서관을 짓고 많은 책을 소유했다. 그는 지인들에게 늘 이렇게 말했다. "책이 없는 방은 영혼이 없는 육체와 같다(A room without books is like a body without a soul)."

그의 도서관은 책이 가득 채워져 있고 글을 해독하는 노예를 전문적인 사서로 훈련시키고 필경 기술을 가르쳐 책을 조직적으로 관리했다. 나아가 낡은 책 수선하기, 목록 만들고 정리하기, 손상된 양피지 덧붙이기, 파피루스 손질하기 등 여러 가지 일을 감독하고 분담시켜 맡기는 등 오늘날 현대 도서관처럼 전문직 사

로마의 대시인 키케로의 도서관.

서 역할을 당당히 수행했다.

당시 로마의 지식인들에게는 두 가지 독특한 취미가 있었다. 어디서든 책을 즐겨 읽는다는 것과 목욕을 매우 좋아했다는 사실이다. 오늘날 서구인들이 때와 장소를 가리지 않고 어디서나 책을 읽는 모습을 보면 로마인의 DNA가 그대로 이어진 것이 아닐까 싶다. 또한 지금 우리가 서양 미술관에 가서 감상하는 그리스·로마의 조각상들 가운데 적지 않은 수가 목욕장 폐허에서 발굴된 것이라고 한다. 당시 목욕장의 엄청난 규모와 화려한 내부시설을 본 관광객들은 지금도 놀란다. 시오노 나나미(鹽野七生)는 『로마인 이야기』에서 로마 '카라칼라 목욕장'을 이렇게 설명하고 있다.

> 목욕장은 만남의 장소이자 일종의 사교장이다. 냉온탕을 갖춘 목욕시설 이외에 분수와 조각으로 장식된 정원, 회랑으로 둘러싸여 있다. 이 복합시설물 속에는 체육관, 회화, 조각품을 전시하고 있는 미술관, 연주나 강의를 위한 시설물이 붙어 있고 도서관은 2개의 방으로 독립되어 있다. 한 곳은 라틴어를 수집했고, 또 한곳은 그리스어를 수집했다. 도서관의 존재가치는 언제든 사람을 만나면서 필요한 정보도 얻고, 보고 싶은 책을 마음대로 읽으며, 지식과 교양을 충전하고, 나아가 영혼의 휴식을 위해 절대 필요한 고급 사교클럽이었다.

이처럼 로마가 하루아침에 이루어지지 않고 모든 길이 로마로 통할 수 있었던 것은 로마의 훌륭한 도서관과 책을 사랑하는 로마인들의 가슴에 독서 열기가 가득 찼기 때문이라고 감히 말하고 싶다.

터키 에베소의 켈수스도서관

지금은 역사의 뒤안길로 사라졌지만 유럽에는 한때 인류의 문명을 이끈 세계 3대 도서관이 있었다. 고대 이집트의 알렉산드리아도서관, 헬레니즘 시대의 페르가몬도서관, 그리고 로마가 지금 터키 땅에 세운 켈수스도서관이다. 2층으로 구성된 켈수스도서관은 지상에 유적으로 남아 있는 가장 오래된 도서관 중 하나이다. 이를 통해 고대 로마의 도서관 원형을 감상할 수 있고 호화로운 로마 건축사의 일면을 볼 수 있어 연일 관광객의 발길이 끊어지지 않고 있다.

터키 이스탄불에서 남서쪽 680㎞ 떨어진 에게 해 연안 셀추크 근교 에베소(보통 에페스: Efes로 부르며, 영어로 에페수스: Ephesus라고 부름)에 켈수스도서관 유적이 웅장하게 서 있다. 로마 제국의 소아시아 집정관이자 총독의 아들 티베리우스 율리우스 아퀼라 폴레마에아누스는 그의 아버지 티·이유리우스 켈수스(Ti·Iulius Celsus, 영어로 셀수스로 부름)를 기리며 도서관을 세웠다. 그는 책들을 모으고 모든 장식물과 조각상을 준비하다 완공을 다 못 보고 세상을 떠났지만 그 유지를 이어 서기 135년, 마침내 도서관이 완성되었다.

지금 그곳에 가면 원래 있었던 원형은 대부분 파괴되어 바깥쪽 파사드(fassade, 건물의 얼굴이 되는 정면부)와 폐허가 된 내부모습만 그대로 보인다. 아직 복구가 덜 된 미완성품이지만 이것만으로도 고대 도서관의 성지가 되고, 로마 시대 도서관의 원형질을 감상할 수 있는 명소가 되어 도서관을 소개하는 어린이

터키 에베소의 켈수스도서관 전경.

책에도 이름이 나올 정도로 유명세를 타고 있다.

에베소 도시 한가운데 서 있는 도서관은 비록 건물 뼈대만 남아있지만 위풍당당하게 사람들을 압도하고 있다. 바깥에서 보면 2층이지만 내부는 3층 구조로 되어 있다. 그래도 지금 빌딩으로 치면 5층 정도의 높이로 이곳 에베소에서 가장 높은 건축물에 해당한다. 정제되지는 않았지만 대리석으로 쌓은 견고한 벽이 있음에도 책을 더 보호하기 위해 큰 돌로 다시 내벽을 쌓았다. 이중벽이 된 외벽과 내벽의 간격에 1m가 못 되는 좁은 골목길이 나 있어 원자폭탄이 떨어져도 끄떡없다는 부산의 국가기록원 서고 구조와 사뭇 닮았다.

앞마당을 지나 정면 한가운데 평지에서 약 2m 높이의 여덟 개 계단을 밟고 올라오면 기단 위에 바로 도서관이 있다. 세 개의 출입구가 있고 아래층에 8개, 위층에 8개 모두 16개의 대리석으로 된 원기둥이 건물 전면을 받쳐주고 있다. 출입구를 받치는 기둥 사이마다 네 개의 여신상이 서 있는데, 각 석상에는 고대 그리스어로 쓴 ΚΕΛΣΟΥ(켈수스) 이름 위에 각 여신의 명칭을 붙여 놓았다. 왼쪽부터 지혜(sofia), 덕행(arete), 사고(ennoia), 지식(episteme)을 의미하는 켈수스도서관의 아이콘이다. 지혜의 여신상은 코가 마멸되었지만 전신이 남아있고, 덕행의 여신상은 손상 없이 몸을 제대로 갖추고 있다. 하지만 사고와 지식 두 여신은 머리가 사라지고 몸체만 남아있다. 그런데 이 여신상은 모두 진품이 아니고 복제품을 대신한 것이다.

뉴욕대학의 명예교수이며 고대 문화사의 세계적 권위자인

라이오넬 카슨(Lionel Casson)은 이곳 켈수스도서관을 깊이 연구한 학자이다. 그가 쓴 책 『고대의 도서관(Libraries in the Ancient World)』에 의하면 도서관 위층은 박공널형(gable, 정면이 삼각형으로 된 지붕구조) 지붕에 커다란 세 개의 창문으로 짜여 서양건축의 고전형식이 그대로 드러나는 건물 규범 중 하나라고 한다. 내부 직사각형 방은 세로 16.7m, 가로 10.9m 크기이고, 벽에는 책이나 조각상을 놓을 아름다운 벽감을 두었다. 정통 로마 형식을 따르는 벽감은 높이 2.8m, 너비 1m, 깊이 0.5m로 일반 벽감보다 조금 좁지만 3층으로 되어있다는 것이 특징이다.

지붕은 둥글고 중앙에 햇빛이 잘 들어오도록 둥근 창을 만들어 둔 것 같다. 거의 뒷벽 지붕까지 솟아있는 커다란 앱스(apse, 건물 끝자락의 반원형 지붕이 있는 부분, 성당에서는 성직자가 머무는 자리다)와 양면에 층층으로 이루어진 두 개의 벽감 및 측면 벽의 3층으로 된 벽감 세 개를 포함하면 모두 서른 개가 되어 두루마리 약 3,000개를 소장할 수 있었다.

카슨 교수의 평가대로 이 건물은 서양 고전건축의 규범이 될 만하다. 건물 덩어리(mass)가 완벽한 황금비율(1 : 1.618)을 구성하고 있어 아름답기도 하거니와 짜임새가 훌륭해 현대 도서관의 모델도 될 만하다. 고대 그리스·로마인들에게 건축의 가장 아름다운 비례는 황금분할이다. 그들은 자신의 신체로부터 천체의 움직임까지 이 비율의 틀로 재단하고 해석했다. 구석구석 황금분할의 비례를 적용해 서양 건축의 원조를 과시한 파르테논 신전을 생각하면서 황금비율로 재단한 사례가 이곳 도서관까지 미쳤다는 사실에 절로 감동이 간다.

좀 더 시간을 내어 찬찬히 살펴보기로 했다. 햇빛의 세기를 고려한 적절한 수의 창문, 그리고 키 높이와 눈높이에 맞추어 책을 둘 수 있는 30개의 크고 작은 벽감과 건물을 지탱하는 기둥들이 조화롭게 서 있어 외부 못지않게 내부도 아름다웠다. 적당한 천장 높이도 안정감을 주어 지금 여기에 사람과 책, 그리고 시설물을 조화롭게 배치해 준다면 이 도서관은 오늘날 세계 어디를 내어 놓아도 손색없을 것 같다. 그러나 웅장한 외관에 비해 내부가 이 정도라면 오늘날 기준으로 큰 도서관이라고는 할 수 없다. 기껏해야 4~5명의 사서와 20명 내외의 이용자가 머물만한 곳이다. 그러니까 당시 도서관의 목적은 정치적 또는 종교적 의식을 위해 기념비적으로 설치했거나 도시의 상징성에 더 큰 의미가 부여되었을 같기도 하다.

지금 이 도서관은 관광객을 위한 포스터나 안내 책자의 한가운데 위풍당당하게 서 있다. 당시에도 그러했겠지만 지금도 유적의 랜드마크가 되어 있다. 도시 한가운데 위치하여 모든 권위를 호령하는 모양새가 하늘을 찌르는 듯하다. 게다가 그 앞에 세운 지혜, 지식 등 네 여신상은 기품이 서려 있어 당시 도서관의 국가적 위상이 어떠했는지 충분히 상상이 된다. 지식이 무엇이고 정보가 무엇인지도 몰랐을 2,000년 전의 역사인 켈수스도서관은 이렇게 우리 앞에 당당히 서 있는 것이다.

중세 수도원도서관

4세기부터 발달한 유럽의 수도원은 12세기 근대적 대학이 출현할 때까지 역사와 문화의 한가운데 서 있었다. 모든 수도원이 크고 장엄한 것은 아니지만 저마다 특징 있는 모습을 갖추고 있고 외딴 섬이나 깊은 산 속 또는 사람이 함부로 범접할 수 없는 곳에 있어 하나하나가 위대한 건축물이라 할 수 있다.

이러한 수도원은 한결같이 도서관을 갖추고 있었다. 하지만 대부분 도서관이 수도원의 부속 건물 또는 다락방 안에 숨어 있어 이름만 '도서관'이었지 가진 책이라야 수도사들이 낭독하는 몇 권의 기도서와 복음서뿐이었다. 반면에 역사가 깊고 큰 수도원은 도서관을 별도로 설치하여 열람실 이외에 필사실(scriptorium)까지 두고 필경사들이 한자씩 손으로 써서 책을 만들어 냈다. 비록 규모는 작아도 수도원도서관은 책을 읽고 보존하는 기능을 넘어 책을 생산하는 출판사 역할까지 겸했다.

그 후 장서는 다소 늘어났지만 많아야 수백 권 정도여서 필경사가 활동하는 방 벽장이나 다락방에 보관했다. 이런 책들은 개방하지 않고 특정인에게 한정적으로 이용되어 아마리아(armaria, 책을 전용으로 넣어두는 상자) 또는 철장 속에 갇혀 불쌍한 신세가 되었다. 그럼에도 그들은 보잘것없는 이 다락방을 자랑스럽게 '도서관'이라고 불렀다. 그 영향인지 지금도 도서관을 바라보는 서구인들의 시선은 우리보다 월등히 높고 좋게 평가한다. 안타깝게도 우리는 도서관의 가치를 잘 모르고 있다. 도서관이 지닌 원천적 가치는 물론 이해정도나 사회적 대접에서 우리가 그들보다 떨어지는 이유는 무엇일까?

그 후 도서관은 계속 확장되어 전성기 유럽에는 1,000곳이 넘었다고 한다. 얼마 전에 찾아간 독일의 비블링겐 수도원도서관은 오랜 세월 공들여 가꾼 덕분에 말로 설명할 수 없는 아름다움을 품고 있었다. 1층 홀 한가운데 있는 여덟 여신상은 눈을 떼지 못할 정도로 정교하고 아름답다. 홀 양쪽에서 마주 보고 서 있는 여신은 종교적인 의미와 세속적인 의미를 지닌 두 그룹으로 나누어져 있다. 동쪽 편에 있는 네 상은 각각 믿음, 복종, 선행, 세속의 단절을 나타내어 성 베네딕도 교단의 원리를 표현하고, 서편에 있는 네 상은 각각 근대학문의 기초가 되는 법학, 자연과학, 수학, 역사를 상징하고 있다.

수도사들은 매일 이 여덟 여신상을 쳐다보며 교단의 원리에

비블링겐 수도원도서관 1층 갤러리.

따라 열심히 수행하면서 세속적 학문도 게으르지 않도록 마음을 다잡는다. 이 두 그룹의 조각상을 마주 보게 한 것은 '종교와 학문은 결국 둘이 아니고 하나다.'라는 메시지라고 한다. 고개를 천장으로 향하면 프레스코 화법으로 그린 성화가 보인다. "지식은 하늘, 곧 신으로 이르게 한다(Knowledge leads to heaven and thus, to the Divine)."는 의미가 있다.

실내를 다 보고, 또 설명을 다 듣고 내린 나의 결론은 베네딕트 수도회의 아이콘은 '믿음=지식'이라고 생각했다. 수도사는 믿음을 얻기 위해 지식을 탐구해야 하고 지식을 탐구함으로써 믿음은 돈독해진다. 지식은 곧 신으로 이르게 하므로 지식을 쌓으려면 반드시 많은 책이 필요하다. 그러기 위해 수도원에서 도서관은 절대 필요하여 어떤 수도원이든 도서관을 빼놓고는 성립이 안 된다는 것을 확인했다.

이렇게 도서관의 진화는 계속되어 큰 수도원의 도서관은 더 화려해지고 장서도 더욱 풍성해지지만, 산골 속의 대부분 수도원도서관은 그렇지 못했다. 지금 내 방에는 중세시대 수도원도서관을 묘사한 자그마한 액자 하나가 걸려 있다. 아연으로 조각한 아주 오래된 징크판(zincograph) 그림으로 액자의 재질이나 서툰 조각솜씨로 보아 족히 일백 년도 훨씬 넘었을 성 싶다. 나는 지금 집에 앉아 옛날 중세의 어느 수도원에서 열심히 일하고 있는 외로운 사서를 보고 있다. 천장의 문양이나 그림의 정황으로 보아 어느 가난한 수도원도서관으로 추측된다. 외딴 수도원도서관에 사서는 혼자뿐이어서 한 사람이 몇 사람의 몫을 해야 한다.

천장까지 책이 가득 찬 도서관에서 늙수그레한 사서가 사다리 위에 올라서서 서가의 책을 고르고 있는 장면이다. 왼쪽 기둥 위에 형이상학(metaphysik)이라는 팻말을 붙어있는 것으로 보아 책들이 주제별로 정리되었음을 알 수 있다. 사서는 마치 암탉이 알을 품듯 한꺼번에 네 권의 책을 온몸으로 품고 있다. 왼손에 쥔 책자목록을 들여다보면서 바른 손으로 서가에 책을 막 꽂으려 하고 있다. 책을 꽂은 다음에는 왼쪽 옆구리에 낀 책을 빼내 서가에 꽂고, 다시 양 무릎 사이에 끼워 둔 책을 목록에 적힌 대로 정해진 위치에 꽂을 것이다. 이것으로 일은 다 끝나지 않는다. 그의 어깨에는 커다란 책 보따리가 매여 있기 때문이다. 누군가 새로 이용할 책을 포대기에 담고 곧장 사다리를 내려와야 한다. 자루에서 꺼낸 책을 이용자에게 나누어 준 다음, 새로 시작해야 할 일이 무엇인지 다시 찾아 나설 것이다. 외로운 수도원의 사서는 매일 혼자서 모든 일을 이렇게 처리해 내고 있다.

'수도원의 사서', 왼쪽 위는 '형이상학' 팻말이고 아래에 지구의가 있다.

다음 찾아간 스위스의 장크트갈렌 수도원은 더 부유해 당시 유럽에서 큰 도서관을 가지고 있었다. 이곳도 학문의 중심지여서 많은 성직자와 학자들이 단골로 찾아가는데 충분한 조건과 매력을 갖추고 있었다. 책의 제작과정에서부터 제본에 이르기까지 생성공정을 모두 보여줄 수 있는 시설까지 구비하고 있다. 이곳은 점토 병에 넣은 식물성 잉크, 작은 칼로 깎아 만든 갈대 붓과 새 깃털로 만든 펜, 흑연연필, 나무로 만든 자와 몇 번이나 지우고 쓴 양피지 견본첩 등 구경거리가 넘친다.

이러한 도서관은 천 년 이상 유럽 서적문화의 거점이 되고

장크트갈렌 수도원도서관 입구. 문 위에 '영혼의 요양소' 간판이 보인다.

학문의 심장부 역할을 했다. 하지만 그 후 수도원이 쇠퇴하고 문화적 중요성도 잃어버렸다. 대학의 확장과 종교개혁은 종래 학문의 방향이 서서히 다른 곳으로 옮겨야 할 운명이었는지도 모른다. 게다가 금속활자의 보급과 제지기술의 발달로 책이 대중화되어 산속의 수도원에 이르기까지 도서관의 숭고한 가치는 훼손되고 수적으로도 반감되고 만다. 그러나 이것으로 수도원이 종말을 고한 것은 아니었다. 수도원도서관은 어느 산속에서 '숲 속의 공주'로 잠을 자다 일어나 지금 우리의 눈앞에서 찬란한 등불을 밝히고 있다.

대학도서관

12세기 유럽에서 근대적 의미의 대학이 출현했다는 사실은 인류문명의 위대한 전환점이었다. 지금 우리가 누리고 있는 문명의 혜택은 대학에서 출발한 학문의 결실이 한 매듭으로 끝나지 않고 계속 축적되어왔기에 가능했다. 초기 대학에서 과연 어떤 학문이 잉태되었기에 오늘날 이렇게 다양하고 화려하게 성장했을까? 이를 휴머니즘 성격에서 한번 찾아보자. 우리 인류가 태어나 평생 겪는 정신적 고통을 신의 힘으로 구제받기 위해 신학(theology)이 탄생하지 않았을까. 그다음 인간이 공동생활에서 일어나는 사회적 고통을 공정한 규칙으로 해결하기 위해 법학(law)이 나왔다면 사람이 살아가면서 일어나는 육체적 고통을 의술로 해결하기 위해 의학(medicine)이 태어났다고 할 수 있다.

세계 최초의 대학으로 일컫는 영국의 옥스퍼드 대학, 이탈리아의 볼로냐 대학, 프랑스의 파리 대학, 이 세 개 대학은 각각 신학, 법학, 의학을 기본과목으로 출발했다. 세 개의 학문은 인문학, 사회과학, 자연과학의 모태가 되어 오늘날 어느 학문도 이 범주 안에서 벗어나지 못한다. 따라서 지금 우리가 배우는 모든 학문은 중세 대학에서 시작한 가장 인간적인 고통에서 해방되기 위해 뿌린 씨앗에서 출발했다고 해도 과언이 아니다.

학문이 발달하고 사회가 다원화됨에 따라 대학은 확장과 융합으로 학문의 뿌리와 가지는 점차 뻗어 나가 풍성해졌다. 이때 축적된 지식을 저장하고 학문의 촉매 역할을 하는 도서관은 없어서는 안 될 존재가 되었다. 도서관은 각 분야의 지식을 연결고리로 해서 학문의 생혈을 움직이고 필요한 문헌을 가장 가까운 길로 인도한다. '도서관은 대학의 심장이다.'라는 말이 그저 생긴 말이 아니다. 또한 "현대의 진정한 대학은 도서관이다."라고 말한 칼라일의 의견에 수긍하지 않을 수 없다.

영국 고전건축물 가운데 가장 우수하다는 케임브리지대학 트리니티칼리지의 렌(Wren)도서관은 영국에서 가장 귀중한 책을 보관하고 있다. 도서관 지붕난간을 따라 건물 한가운데를 보면 신학, 법학, 물리학, 수학을 뜻하는 네 개의 여신상이 줄을 서 있다. 왜 하필 도서관에 네 개의 상징물만 세워 두었을까? 그것은 아마도 학문의 원조가 여기에 있으니 대학이 필요한 어

케임브리지 렌도서관 난간에 서 있는 네 개의 여신상.

떠한 책도 모두 갖추고 있다는 뜻이 아니겠는가.

2층 대 열람실에 있는 확 트인 홀은 길이 58m, 폭 12m, 높이 11.4m로 그렇게 큰 건물은 아니었다. '책의 궁전'은 벽을 따라 직각으로 책장이 늘어서 있고 그 사이마다 책을 쌓은 서고가 'ㄷ'자 형태로 줄지어 설치되어 있다. 천장은 아무 장식이 없어 화려하진 않지만 단정하다. 실용성에 주안을 둔 듯 내부 장식은 건축가의 기능주의적 비전을 보여주면서 공간처리를 절묘하게 구성해 복잡스럽다는 인상을 탈피하고 있다. 게다가 내부 처리는 여러 곳에 악센트를 주기 위해 11개의 벽감을 만들어 곳곳마다 장식물을 진열했다. 또 공간 활용을 잘 처리해 벽마다 삼면이 둘러싼 박스형 구조와 유럽대륙의 홀 시스템을 혼합

한 구조를 만들어 안정감도 있어 보인다.

도서관 창문에는 어떤 무늬도 넣지 않는 것이 오래전부터 내려온 상식이다. 특히 화려한 스테인드글라스는 금기사항으로 되어 있다. 1774년 크리스토퍼 렌(Christopher Wren)은 도서관을 건립하면서 이런 금기를 깨고 홀 남쪽 아치 창을 스테인드글라스로 결정했다. 도서관 남쪽 끝 바이런 석상이 있는 바로 뒤편 바로크 양식의 스테인드글라스에 비치는 그림은 이 대학 출신인 아이작 뉴턴과 프란시스 베이컨이 국왕 조지 3세를 알현하는 장면이다. 대학의 사상을 압축하고 상징할 수 있다는 이 창문은 지금 케임브리지 대학의 상징이 되어 대학을 찾는 귀빈이나 일반 외래객에게 빠트릴 수 없는 명소가 되어 있다.

케임브리지 렌도서관, 맨 뒤 창문은 스테인드글라스로 화려하게 장식했다.

케임브리지 대학과 쌍벽을 이루는 옥스퍼드 대학 중심부에는 1602년 설립된 보들리언도서관(Bodleian Library)이 당당히 버티고 있다. 보통 'Bod'로 부르는 이 도서관(그 옆에 새로 지은 보들리언도서관이 있어 Old Library라 부르기도 한다)은 신도서관, 래드클리프 카메라(Radcliffe Camera, 카메라는 라틴어로 room을 뜻한다) 과학 도서관이 길 건너 지하통로로 서로 붙어 있고, 띄엄띄엄 떨어져 있는 법학 도서관, 교육 도서관, 사회과학 도서관, 동양연구소 도서관, 일본학 도서관, 중국학 도서관, 아프리카 및 연방 도서관 등 모두 15개의 부속도서관을 거느리고 있다. 이것을 포함해 옥스퍼드 캠퍼스 안에 무려 107개의 도서관이 있다는 사실에 감탄함과 동시에 이것도 모르고 찾아온 나 자신이 부끄러웠다.

보들리언도서관 전면은 중세후기 고딕양식의 아치들로 가득 차 있다. 길게 치솟은 아치형 창틀장식을 4단으로 쌓아올린 도서관은 그보다 200년 앞서 지어진 신학부 건물과 멋진 대조를 이루고 있다. 보들리언도서관에 T자형으로 붙어있는 험프리공작도서관(Duke Humfrey's Library)은 1488년 창립된 이후 지금까지 옛 모습을 유지하고 있는 옥스퍼드 대학 명품 중의 명품 도서관이다. 고풍스러운 서가, 침침한 조명 속에서 귀중한 책들이 620년 동안 생명의 끈을 이어온 옥스퍼드의 보석상자이며 핵심이라 할 만하다.

이처럼 중세시대에 설립된 대학은 영국 말고도 이탈리아, 프

후기 고딕양식의 아치로 가득 찬 보들리언도서관.

랑스, 독일, 네덜란드 등에 수없이 많다. 유럽의 이런 대학이 존재함으로써 신대륙 미국에 하버드 대학이 설립될 수 있었다. 사실 하버드 대학교는 도서관으로 출발했다. 하버드 도서관은 대학이 정식명칭을 갖기 한 해 전 1638년 대학건물의 동쪽 끝 2층 한 모서리에 조그마한 방 하나를 잡아 서고 겸 열람실을 두고 열람석에 긴 장의자를 갖추고 문을 열었다. 열람대를 겸한 키가 낮은 서가에 존 하버드(John Harvard)가 유산으로 남긴 330권의 도서를 비치하고 '참 좋은 도서관'이라고 불렀던 하버드도서관이 지금 하버드 대학의 모태가 된다.

19세기 중반까지 장서 10만 권에 불과했던 하버드도서관이 20세기 초 마침내 100만 권을 돌파했다. 그때까지 세계 대학에서 존재감이 없었던 하버드가 세계 최고의 대학으로 진입하게 된 명성 뒤에는 장서 100만 권을 확보한 도서관이 없었다면 오늘의 하버드는 그 순위가 달라졌을지 모를 일이다.

도서관은 '자라나는 생물'이라 장서도 계속 늘어난다. 도서관이 수집한 많은 장서를 집중해서 관리하려면 지금까지 사용하고 있는 고어 홀(Gore Hall)로서는 턱없이 부족했다. 이를 대신하는 크고 새로운 도서관이 절실히 필요했을 무렵, 한 청년의 갑작스러운 죽음으로 1915년 '해리 엘킨스 와이드너 기념 도서관'이 설립되었다. 새로 지은 도서관은 장서 500만 권을 수용할 수 있는 초대형 서고를 갖추어 당시로써는 말할 것도 없고, 지금도 세계 5대 도서관으로 평가받고 있다. 웅대하고 장엄한 도서관이 설립되기까지는 불의의 사고로 타계한 한 젊은 청년 와이드너(H. E. Widener)의 슬픈 사연이 숨어 있다.

필라델피아에서 부호의 아들로 자란 그는 1907년 하버드를 졸업한 후 개인문고를 가지고 구텐베르크 성서, 셰익스피어 초간본 2절지 등 귀중서 3,500권을 수집했다. 평소 책을 좋아해 책을 사러 유럽여행을 떠난다. 영국에서 몽테뉴의 『수상록(Les Essais, 1580)』 초간본을 구해 돌아오는 길에 당시 세계 최고의 호화유람선 타이타닉에 승선했다. 1912년 4월 14일 밤, 그와 아버지, 어머니 세 가족은 승선한 부호들이 관례로 행하는 타이타닉 선장을 위한 만찬을 열다가 운명의 시간을 맞이한다. 일등석(캐빈C-80~82)은 비상탈출 시 최우선으로 구명보트가 확보되어 있었지만 결국 어머니만 살고 두 사람은 15일 새벽 차가운 바다에서 생을 마감하고 말았다.

어머니 엘리너는 아들의 애절한 영혼을 달래기 위해 당시로써는 엄청난 금액인 200만 달러를 기부하여 '와이드너'의 이름으로 대형 도서관을 준공, 1915년 6월 24일 개방했다. 지하 4층, 지상 4층, 서고 10층의 독특한 구조로 되어 있는데 가운데를 중심으로 북쪽 편에는 하늘 창이 드러나는 아치형 천장을 한 로커(Loker) 대열람실이 있고, 그 아래층은 업무실이다. 동쪽에 있는 필립스 룸은 희귀도서를 보존하고, 서쪽 1층에는 최신 정기간행물실, 그 위층은 서고 겸 열람실로 사용한다. 남쪽 편은 주로 서고 공간이지만 전체적으로 보면 서고가 'ㅂ'자 형이 되어 '동편 서고', '서편 서고'로 분할되어 있다. 한 개의 건물 속

12기둥과 30계단 위에 서 있는 하버드 대학 와이드너도서관 전경.

에 층수가 다른 두 개의 공간을 결합해 만든 웅대하고 독특한 건물임이 틀림없다.

도서관 실내는 1998년부터 2003년까지 리모델링을 겸해 서고 방화 장치와 절전장치 등 대폭의 개보수를 했고 밋밋한 하얀색 천장은 화려했던 설립 당시의 모습으로 복원시켜 놓았다. 고딕양식으로 좌우에 알코브(alcove: 큰 홀 가장자리에 두는 작은 방)가 있다. 열람실마다 매우 깨끗하고 조용했으며 중세의 여느 수도원처럼 분위기가 그렇게 엄숙한 것을 보면 '여기가 세계 최고의 대학이라는 말이 그냥 나온 것이 아니구나.' 싶다.

사무실 및 열람실과 달리 서고는 서가만 10층으로 되어 전체 건물 면적에서 4분의 3쯤 되는 것 같다. 우리가 흔히 보는 서가가 아닌 적층식(積層式)이라 서가 위를 공간으로 두지 않고 키가 낮은 천장 위까지 꽉 붙였다. 바닥 전체는 약 1.5×1m 규격의 대리석 원석을 하나하나 깔았다. 대리석 한 장으로 아래층에서는 천장이 되고 위층에서는 바닥이 되도록 해 빈 공간을 줄여 자재 활용을 극대화한 그들의 지혜가 돋보인다.

서가 길이만 104㎞라고 했다. 이 무거운 돌덩어리를 떠받치기 위해 지하 4층부터 지상 6층까지 단단한 강철로 짜인 철근 기둥을 촘촘히 세우고 모든 대리석 원석을 기둥 사이마다 절묘하게 끼워 넣었다. 여기에 꽂힌 무거운 책들을 거뜬히 지탱할 수 있도록 구조적인 설계를 고안해 낸 것도 감탄스럽지만 소박한 건물 안에 불필요한 장식을 없애고 유휴공간을 생략하여 엄청나게 많은 서가와 장서를 빈틈없이 장치한 것을 보니 백

년 후의 도서관을 내다본 설계자 트럼바우어(H. Trumbauer)의 안목이 놀랍기만 하다.

또 서가에는 섹션마다 사람이 접근하면 전등이 켜졌다가 3분 후 자동으로 꺼지도록 해 전력낭비를 줄인 것을 보니 에너지 절약에 둔감한 미국인들의 의외성에 신선한 느낌이 들었다. 그러나 한편 서가의 섹션마다 일일이 조그만 방화수 분사장치를 하여 화재 시 발화지점에서만 물이 나오도록 한 것이 지금까지 다른 도서관에서는 못 보던 풍경이다. 최소한의 물로 초기에 불을 진압하겠다지만, 그래도 도서관에서 물을 사용해 불을 끈다고 하니 좀 옛날 방식인 것 같아 '하버드'답지 않아 보였다. 하론 가스 용기(Ha Lon Gas Vessel) 등 첨단 방화장비가 수없이 많

하버드대학 와이드너도서관 로커 열람실.

음에도 이를 사용치 않는 이유는 무엇일까? 궁금증을 뒤로 한 채 발걸음을 돌릴 수밖에 없었다. 참고로 와이드너 도서관은 2015년이면 설립 100주년을 맞이한다. 세계를 아무리 둘러보아도 아직 이만한 도서관을 찾기가 쉽지 않다.

공공도서관

공공도서관도 마찬가지다. 세계 어디서든 좋은 도서관으로 인정받으려면 우선 건물이 특색 있고 아름다우며 크기와 내용에서 설립목적과 균형이 맞아야 하고, 그 안에는 이용자 수준을 고려한 충분한 장서와 유용한 시설물을 충실히 갖추는 것이 원칙이다. 위치는 교통이 편리한 곳으로 걸어서 동선이 가깝고 주위는 쾌적하며 소음이 적어 독서분위기를 자아낼 수 있는 환경을 갖춘 곳이라야 한다. 그다음 도서관의 에머니티(amenity, 건물, 장소 따위에 잘 어울리고 최적의 분위기를 이끄는 포인트)를 일구어 지적 호기심을 주며 사람을 끌어들이는 매력적인 이미지를 준다면 품격은 한층 올라간다.

시애틀 도심 한복판 스프링가와 4번가가 마주치는 곳에

2004년 5월 23일 개관한 시애틀 공공도서관은 주위의 높은 빌딩에 비해 나지막한 건물 덩어리가 울퉁불퉁 뭉쳐 있다. 모양새가 종이접기해 놓은 것 같기도 하고, 유리건물에 온통 그물망을 덮어 식물원이나 야생조류보호소 같기도 한 별스러운 건물이다. 지금까지 세계 어디에서도 볼 수 없었던 특이하면서도 최첨단 건물임이 틀림없다.

이 도서관을 처음 본 뉴욕타임즈의 건축비평가 머스 챔프는 "도서관, 그물망을 쓰고 디스코를 추다(The Library that puts on fishnets and hits the disco)."라고 논평했다. 도서관은 주위의 고층빌딩에 끼어 마치 망사스타킹을 신고 디스코를 추는 것 같아 눈이 현란하다. 그럼에도 도서관 기능에 맞추어 충분한 양의 햇

'망사 그물망'을 쓴 시애틀 공공도서관.

빛과 그늘이 균형을 가지도록 하고 건물의 각 부분을 주변의 조경이나 경관까지 융합시켜 시애틀의 새로운 문화 아이콘에 전혀 손색이 없도록 도시의 명품을 만들었다.

건축설계는 네덜란드의 렘 쿨하스(Rem Koolhaas)에게 의뢰하여 그가 이끄는 OMA 회사와 시애틀의 LMN 건축회사가 합작하여 작품을 완성했다. 여기에는 4,644톤의 철강과 알루미늄, 시멘트, 그리고 어떠한 충격에도 견딜 수 있는 강화유리가 사용되었다. 건물 내부는 철강과 시멘트가 일부 노출되었지만 바깥 모양은 다이아몬드형의 그물망으로 지붕과 벽면에 유리로 감싸 우주 어느 곳에 서 있는 듯 투박하면서도 세련된 분위기를 자아낸다.

지금까지 수 세기 동안 이어온 도서관을 보면 서고 공간과 열람공간을 어떤 방식으로 배치하는가에 따라 건물모양이 달라져 왔다. 다시 말해, 서고의 위치가 적층식인가 주변식인가 전후식인가 아니면 중앙식인가에 따라 건물구조가 달라지고 내부의 시스템까지 모두 변하게 된다. 오늘날 대부분 도서관이 모두 이 범주 안에서 진화를 거듭 온 것으로 지금 우리가 흔히 보고 있는 각양각색의 도서관 모습들이다(다음 도면참조).

하지만 쿨하스는 전통 도서관 시스템을 거부했다. 기존의 도서관 배치방식을 깨부수고 새로운 건축물을 보여줌으로써 전통적으로 이어 온 도서관 운영시스템까지 변화시키려 했다. 우선 첨단기법을 이용한 에너지절약과 자연 친화적인 시설을 준비하고 효율성을 극대화할 수 있는 시스템을 적용했다. 그것

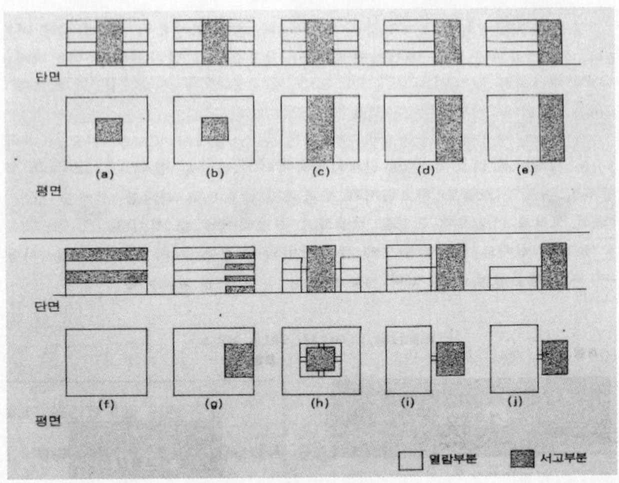

변화하는 도서관, 도면으로 본 10가지 사례.
검은색은 서고 공간이고 흰색은 열람 공간이다.

은 곧 책과 사람 및 정보가 한 공간에서 자연스럽게 만나도록 이상적인 공간을 구성한 새로운 개념의 도서관, 즉 컨버전스(convergence) 도서관이라 할 수 있다.

도서관은 세 개의 기본구조물이 전체를 감싸고 있다. 건물을 지탱하는 하부 콘크리트 구조와 플랫폼을 구성하는 강철 구조, 그리고 알루미늄 재질로 엮은 물고기 그물망 같은 다이아몬드 그리드(diamond grid)의 유리구조이다. 겉으로는 세 개의 구조가 그대로 구별되지만, 안으로 들어가면 건물 전체가 커다란 매스(mass, 건물의 한 덩어리) 속에 파묻혀 있어 대부분 잘 몰라본다. 매스 안에 다섯 개의 고정 공간(stability space)과 네 개의 가변 공간(instability space)이 만드는 모두 아홉 개 공간이 유기적으로 뭉쳐있어 특별히 관심을 두지 않으면 잘 보이지 않기 때문이다.

처음 여기를 찾아오는 사람들은 하늘까지 드러나는 확 트인 천장과 코발트색의 넓디넓은 실내, 그리고 노란색, 붉은색 등으로 갖가지 색의 향연을 펼친 현란한 실내분위기에 그만 도취하고 만다. 건물 한가운데 연두색 에스컬레이터가 한 줄로 1층에서 4층까지 오르내리는 장면도 이 경관에 한몫을 하고 있다. 이것을 타고 4층까지 올라오면 다시 여기서 10층까지 이어주는 또 하나의 에스컬레이터가 서로 연결된다. 한 줄로 길게 이어진 에스컬레이터는 동선의 중심축으로써 이용자들의 편리한 징검다리와 같다.

여기저기를 살펴보니 첨단 도서관이라는 이미지뿐만 아니라 실용적인 면에서도 최상의 기량을 보여주고 있었다. 도서관 실내에 조그마한 정원 마당을 만들어 물을 주고 있어 미적 감각과 실내건조를 동시에 해결한다. 햇빛이 직접 들어오니 충분히 살 것 같다. 목재바닥에 깔린 카펫에는 강력한 색채로 프린트한 식물 그림이 그려져 있어 살아있는 화초들과도 잘 어울린다. 연속적으로 깔린 카펫은 천연잔디로 덮인 지붕까지 연결되어 건물을 자연 친화적으로 이끌어 낸 것도 볼 만하다.

첨단 도서관이라는 것은 에너지절약 등 녹색혁명에도 앞장서고 있다는 뜻이다. 외부면적 전체와 돌출된 플랫폼에 강화유리를 사용하여 효율적인 온·냉각시스템을 개발해 낸 것도 그렇고, 건물 전체에 공기를 관통하여 아트리움(atrium) 꼭대기까

코발트색이 영롱한 시애틀 공공도서관 실내.

지 보낸 후 그곳에서 외부로 내보내는 강제순환시스템을 고안, 유리표면을 냉각 또는 가열함으로써 실내 냉·난방이 일반건물보다 40퍼센트 이상을 절약하는 에너지효율 건물로 판정받은 것도 주목할 만하다. 여기에 또 추가하여 화재가 발생했을 때는 천장의 팬을 통해 건물 안의 연기를 강제 배출토록 했고, 옥상에는 40,000갤런(약 15만 리터)의 빗물을 저장할 수 있는 대형 물탱크를 만들어 1년 내내 화장실 전용수로 공급한다고 하니 이보다 더 진화한 건물이 또 있을까 싶다.

유리창을 통해 밖에서 도서관 실내 이용자들이 책 읽는 모습이 비치게 하여 행인들이 자연스럽게 들어와 책을 읽고 싶은

충동심리를 느끼도록 설계하여 전 세계 건축가들의 시선을 끌었다는 점도 그냥 스쳐서는 안 될 것 같다. 거기에다 내부 커튼은 음향흡수와 햇빛조절이라는 기능을 충실히 이행하여 건물 전체를 에워싸고 있는 유리 파사드를 따라 스틸 구조를 잡아당기면 커튼은 안과 밖이 뒤집어지면서 새로운 공간 분위기를 연출케 한 것도 여기서만 볼 수 있는 구경거리다.

캐나다에 있는 밴쿠버 공공도서관은 디자인이 새롭고 기발하여 참 흥미롭다. 외부 모습을 로마의 콜로세움을 그대로 흉내 내어 검투사의 무대가 아니라 '지식의 경기장'을 표방하고 있어 도서관이 감히 생각할 수 없는 강력한 이미지를 보여준다. 하지만 도서관은 겉모양만 그럴 뿐 내부는 학문과 지식, 지식과 정보가 만나는 책의 전당으로 창조해놓았다.

밖에서 보면 4층 규모로 로마의 콜로세움보다 한참 왜소하고 높이도 크기도 균형이 맞지 않으며 마치 레고(Lego) 블록을 쌓은 것 같이 날렵해 보인다. 외벽재질도 자연 원석이 아닌 진한 벽돌색 인조대리석을 붙여 오랜 역사의 굴곡을 겪은 콜로세움과 비교하면 엄숙하고 장엄한 분위기는 전혀 찾을 수 없다. 타원형 외벽이 그 안에 직사각형 유리건물을 마치 골뱅이(@)처럼 둥글게 에워싸 그 끝에 출입구가 나와 있다.

그런데 타원형 본관 건물 옆에 높다란 수직빌딩이 붙어있다. 도서관 건물 같기도 하고 별개의 빌딩 같기도 하다. 두 건물이 서로 조화가 되지 않고 도시건축 디자인 면에서도 상생이 아니

로마 콜로세움을 닮은 밴쿠버 공공도서관.

라 상극이다. 혹처럼 붙어 있는 이 빌딩 때문에 콜로세움 이미지와도 부합되지 않을뿐더러 옛 유적을 모티브한 아이디어가 오히려 체감된 것 같기도 하다. 차라리 옆에 빌딩을 세우지 말고 콜로세움 하나만 크고 장엄하게 우뚝 세웠으면 어떠했을까 싶었다.

밖의 타원형 건물 속에 숨어있는 사각형 건물은 모두 유리로 벽을 쌓아 속이 다 보이고, 외벽과 안벽 사이 천장까지 유리를 덮어 하늘도 그대로 비친다. 유리지붕 아래는 넓고 길쭉한 실내광장이 조성되어 언제나 사람들이 붐비고 있다. 광장을 중심으로 바깥쪽에는 카페와 간이식당, 기념품 판매점 등 10여 개의 상점이 나란히 있고 안쪽은 모두 도서관이다. 한 눈으로

만 보면 큰 백화점이나 시장 한가운데 와 있는 것 같지만 양 눈으로 보면 도서관에서 이용자들의 열기가 밖으로 뿜어져 나오고 있음을 온몸으로 느낄 수 있다.

도서관 안으로 들어가면 우선 눈이 시원하다. 이곳은 사람을 위한 공간으로 다른 도서관에서 못 보던 것이다. 전 층마다 창가 쪽에 곡선으로 처리된 긴 공간을 독서 아케이드(reading arcade)로 만들고 칸칸마다 독서대를 설치해 놓았다. 아름다운 독서 아케이드는 일종의 로열석 같은 개인 독서공간으로 층마다 구름다리로 연결되어 있어 누구든 이 다리를 건너가 그 속

밴쿠버 공공도서관, 열람실과 독서 아케이드를 연결해 주는 구름다리.

에 파묻히고 싶은 그러한 곳이다.

대부분 현대 도서관은 경제적 측면에서 공간을 절약하기 위해 서가를 벽에 설치하여 그 속에 사람을 가두어 두는 구조로 만든다. 그렇지만 이 도서관은 얄팍한 상업성을 깨고 구조의 틀을 완전히 바꿔 놓았다. 즉, 24*km*에 이르는 모든 서가를 공간 한가운데 두고 열람 좌석은 모두 창가에 배치하여 사람이 서가와 책을 에워싸도록 했다. 자연조명을 최대로 활용함으로써 에너지를 절감하고 독서환경까지 일시에 개선한 것이다. 수 세기 동안 도서관이 일방적으로 지향하던 '책 중심'에서 '사람(이용자) 중심'이 되어 한 걸음 더 진화했다고 보면 된다. 책보다 사람을 먼저 생각하는 도서관, 오직 이용자만을 위해 존재하는 도서관, 이런 도서관을 가까이 두고 있는 사람들은 참 행복할 것 같다.

30여 년 전 우리나라 대부분 도서관은 획일적인 성냥갑 모양에 서고와 열람실이 분리된 구조로 하여 이용자들이 서고에 함부로 드나들 수 없도록 수위가 서고문 밖에서 지키고 있었다. 지금은 거의 개가제(open shelves)가 되어 마음대로 들어가 원하는 책을 선택할 수 있지만 얼마 전까지만 해도 그곳은 고시생과 수험생들의 공부방으로써 도서관 자료를 이용하기보다 자기 책을 맡겨야 하는 사물함으로 유용했던 시절이었다. 그러니 도서관은 책의 창고였고 사람들이 함부로 접근할 수 없는 금단의 공간일 수밖에 없었다.

1980년대 초, 캐나다의 토론토 메트로폴리탄 공공도서관(Metropolitan Toronto Library)을 처음 보고 문화적 충격(culture shock)을 크게 받은 일이 있다. 어둠침침한 도서관 실내에서 퀴퀴한 서고 냄새를 숙명처럼 맡아오던 나는 유형승 교수(당시 그곳에서 주임 사서로 계시다가 전주대학교 문헌정보학과 교수로 재직 중, 수년 전 작고하셨음)의 안내로 이 도서관을 보는 순간 입이 다물어지지 않았다. 일본인 건축가 모리야마(Raymond Moriyama)가 설계해 1977년 개관했는데 시내 중심가 한 블록을 다 사용한 지하 1층 지상 5층의 현대식 건물이었다.

안으로 들어가자 현관 앞에는 조명등이 켜진 얕은 인공 연못이 나오고 이 연못 한쪽에는 1m 높이의 폭포수가 졸졸졸 물

토론토 메트로폴리탄 공공도서관 외관.

소리를 내고 있었다. 그 앞은 건물 전체가 텅 빈 공간으로 5층 천장이 한눈에 들어왔다. 바닥 전체에 당시 우리 도서관에서는 꿈도 꾸지 못하던 주황색 카펫이 깔렸고 듬성듬성 배치된 열람석에는 많은 사람이 책 속에 파묻혀 열심히 책을 읽고 있었다. 각 층 난간마다 나뭇잎을 걸고 바닥 이곳저곳에 열대성 대형화분을 심어 건물 안의 분위기를 식물원으로 바꿔 놓았다.

자기가 원하는 책이 어디에 있는지 확인하려면 카드목록(당시 모든 도서관은 검색도구로 반드시 카드목록함을 찾아야 한다)을 찾지 않아도 5층까지 트인 엘리베이터만 타면 된다. 왜냐하면 천장에서 내려온 수십 개의 길고 짧은 깃봉의 끝자락에 책의 주제가 적혀 있기 때문이다. 어디서든 깃봉에 적힌 글자를 보고 그 끝이 몇 층에 내려와 있는지를 확인하여 자기가 원하는 층에 내리면 금방 책 앞으로 접근할 수 있

안으로 들어오면 양쪽에 투명 엘리베이터가 있고 천장에서 내려 온 깃봉들이 장식성이 있다. 길이가 다른 리본 끝마다 책의 주제가 적혀 있어 원하는 자료로 쉽게 접근할 수 있다.

다. 깃봉의 글자는 어떤 엘리베이터를 타더라도 쉽게 보이고 각종 색으로 매달린 깃봉은 도서관의 장식 리본처럼 건물과 아름답게 잘 어울렸다.

그리고 들어올 때 입구에서 본 폭포수는 이용자들의 소음을 줄이고 습도를 조절해 주며 사거리에 질주하는 차량의 소음까지 줄인다고 했다. 이런 주제를 담은 분위기와 책이 꽂힌 서가가 없다면 5성급 호텔 로비로 착각할 만하다. 세상 어디에 이런 도서관이 있을까?

30년 전에 잠시 만난 도서관이었지만 지금도 꿈에서 본 듯이 항상 뇌리에 스치고 있다. 세계 12위권의 경제 대국에 정보화 시대의 첨단을 달리는 역동적인 나라에 사는 나는 아직도

실내입구에 있는 불이 켜진 인공연못과 물이 흐르는 폭포수.

이만한 도서관을 발견하지 못하고 있다. 그 후 토론토 메트로폴리탄 공공도서관은 이 시스템으로 계속 운영되고 있는지, 시설이 얼마나 달라졌는지 아직 소식을 모르고 있다. 앞으로 기회가 된다면 그곳을 한 번 더 찾아가 그때의 감동을 되새겨 보고 싶다.

국립도서관

국립중앙도서관은 한 국가에서 생산되는 모든 도서와 문헌을 총체적으로 수집, 보존하고 나라를 대표하여 국제적인 교류와 협력을 통해 지식정보 능력을 키우는 국가중추기관이다. 그래서 그 나라의 국립도서관만 보면 그 나라의 미래를 점칠 수 있고 건물 규모와 모양새만 보아도 국가의 수준을 짐작할 수 있다.

지금 미국 의회도서관은 국가의 중앙도서관으로 3개 관이 미 의회의사당 뒤편에 함께 모여 있다. 1939년 제퍼슨관 바로 뒤쪽에 애덤스관을 개관하고, 1980년 바로 그 옆에 메디슨관을 개관해 전체가 'ㄷ'자 형태를 하고 있다. 그중에서 제퍼슨도서관은 역사성과 함께 건물이 가장 아름다우며 중앙 홀과 갤

미국 의회도서관 전경.
앞에 제퍼슨관이 있고 바로 뒤에 애덤스관, 오른쪽이 매디슨관이다.

러리는 흡사 현대적 궁전을 방불케 한다. 장대한 홀은 원형 같아 보이지만 팔각정처럼 모가 나 있다.

중세 때 지은 수도원도서관 내부 모형을 보면 대부분 타원형이거나 장방형으로 지어져 있다. 그런데 18세기 이후 프랑스의 리슐리외 국립도서관, 캐나다의 의회도서관, 영국 박물관도서관(BML) 등을 보면 실내 홀을 바른 원형으로 하여 주변은 서고 공간으로, 가운데는 대형열람실로 만들어 사람과 책이 만나는 공간으로 활용하고 있다.

중앙 홀에는 대리석 기둥과 모자이크 그림이 그려져 있고 600개의 창문과 알코브(alcove) 면을 따라 여덟 방향으로 나누어진 둥근 천장 돔은 황금빛으로 장식된 320개의 장미꽃이 하

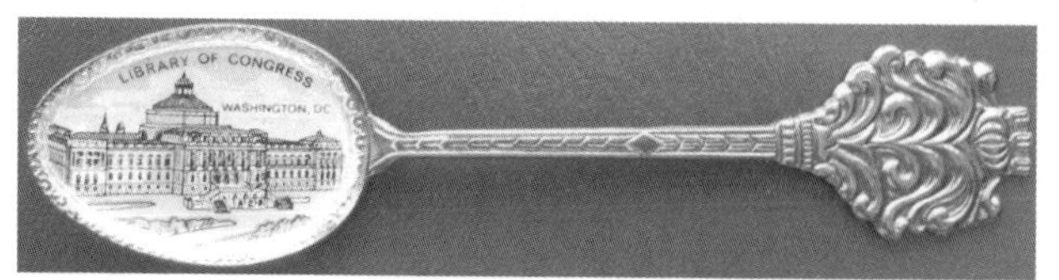

제퍼슨도서관이 그려진 티스푼. 기프트룸에서 판매한다.

늘을 덮고 있다. 돔 아래 팔각정으로 넓은 홀 공간은 천장까지 오픈되어 있지만 가장자리 1~3층까지는 알코브가 있어 방마다 소열람실이나 전시실 등이 구분되어 저마다 빛의 향연을 펼치고 있다. 건물 한쪽 2층으로 오르는 계단 옆, 홀 가운데는 월계관을 쓴 2m 높이의 여신이 횃불을 들고 있다. 뉴욕에 있는 자유의 여신상이 미국을 상징하는 '자유의 등불'이라면 이곳의

'지식의 등불'을 밝히고 있는 미국 의회도서관 로비.

여신상은 인간의 지식을 밝히는 등불이다. 황금빛 장미 아래서 '지식의 등불'을 밝히고 있는 순백의 수호천사는 그 자체로 아름답고 시각적으로 주위와 조화를 이루고 있어 정말 멋있어 보인다.

1939년에 개관한 애덤스도서관은 지상 5층 높이의 건물로 서가 길이만 해도 290km에 달해 1,000만 권의 장서를 보유할 서고를 갖추고 있는데 주로 한국 및 북한 자료와 중국, 일본, 제3세계의 자료를 수장하고 있다. 건물 외형은 베이지색 석조건물에 별 특징은 없지만 동쪽 문 위에 돋을새김해 둔 '문자의 고안자' 12명의 얼굴을 보면 왠지 엄숙해진다.

1980년 5월에 문을 연 메디슨관은 의회도서관의 제3관에 해당한다. 앞으로 장서 확장에 대응하고 멀티미디어 도서관의 기능을 본격적으로 추진하기 위해 설립한 이곳은 오른쪽 한 블록을 모두 차지할 정도로 세 건물 중 가장 규모가 큰 건물이다. 이 건물은 정면 전체에 긴 열주(列柱)를 촘촘히 세워 현재 우리나라 국회도서관을 확대한 모습과 약간 닮았다. 1981년 여기서 레이건 대통령이 취임식을 거행했다고 한다. 도서관에서 대통령 취임식이 열리다니, 부러운 눈으로 도서관을 바라보면서 '우리는 언제쯤 이런 도서관을 가져보고 언제 거기서 대통령 취임식을 열어볼까……' 하고 자문해보았다.

영국 국립도서관은 1759년 영국 왕 조지 2세의 왕실도서와 한스 슬로언의 개인장서를 모아 일반 대중에게 처음 공개하는 것으로 시작되어 44개의 이오니아식 원기둥이 떠받치고 있는 신 고딕양식으로 지어졌다. 건물은 일견 호화롭고 장엄해 보이지만 도서관으로는 조건을 제대로 갖추지 못했다. 창이 없는 민민한 정방형의 건물에다 서가와 열람실을 겸하고 있어 주위는 바닥에서 천장까지 서가와 책들로 가득 차 있다. 그래서 자료를 이용하려면 높은 사다리가 없이는 책을 꺼낼 수 없다. 독서환경도 매우 열악하고 적절한 습도조절과 환기가 되지 않아 도서관으로는 부적격한 장소로 어둡고 습기 찬 공간은 창고와 같은 수준이었다. 이와 같은 악조건 속에서도 도서관 활동은 계속되었지만 이용자와 장서가 늘어남에 따라 결국 도서관으로서 기능을 잃어 가고 있었다.

사실, 이때까지만 해도 세계 도서관 건축의 조류는 바실리카 풍의 정방형 건물 한가운데 책상과 의자를 두고 모든 벽면에는 서가를 천장까지 높이 쌓아 두는 것이 전형적인 모델이었다. 이 무렵 안토니오 파니치(Antonio Panizzi)라는 위대한 사서가 혜성처럼 등장한다. 그는 도서관 책임 사서로 사서가 아닌 이용자의 편에서 종래의 박스형 공간으로는 책과 사람의 소통공간으로 한계에 직면하고 있음을 깨달았다. 그는 이런 형태의 건물을 과감히 청산하고, 서고 공간과 열람 공간을 완전히 분리하여 대형 원형열람실을 구상하면서 그 얼개를 직접 디자인했다.

강철도서관(Steel Library)으로 부르는 대영박물관도서관은 철제프레임을 사용하여 공간도 절약하면서 화마로부터 비교적

'강철도서관'으로 알려진 원형 도서관.

자유롭도록 디자인했다. 95.4×71.6m 크기의 초대형 직사각형 건물 한가운데 지름 43m의 원형 돔을 가진 거대한 원형열람실을 만들고 원형열람실을 에워싸고 있는 직사각형 건물은 모두 서고 공간으로 마련했다.

돔은 바닥으로부터 높이 32m를 유지하고 바닥 한가운데를 중심축으로 방사선형 열람석을 배치해 미적으로나 건축학적으로 안정감을 주고 있다. 돔을 지탱하는 데 200톤이나 되는 21개의 철근 기둥을 엮어 사이사이 8.2×3.7m 크기의 긴 아치창과 지름 13m가 되는 둥근 유리천장으로부터 내려오는 자연채광만으로 충분히 책을 읽을 수 있도록 설계되었다. 그러나 그때만 해도 전기가 없어서 1880년까지 가스(카본) 불로 조명을 하다가 그 후부터 전 열람실에 네 개씩 묶은 5,000개의 촛불로 책과 열람실을 밝혔다. 밤이 되면 5,000천개의 촛불 아래 사람들이 모여 앉아 독서를 하는 낭만적인 모습을 아름답게 상상해보지만, 아무리 철제구조로 된 도서관이라도 전구가 아닌 촛불 조명이 과연 화마로부터 자유로웠을까 하는 의문이 들었다.

지금의 영국 국립도서관은 1972년 7월 27일 공포된 영국 도서관법에 따라 1973년 7월 1일 재발족한 것이다. 1753년에 이미 설립된 영국 박물관도서관이 중심이 되어 1916년 설립된 국립중앙도서관과 1950년에 설립된 영국국가서지센터, 1961년에 설립된 국립과학기술대출도서관 그리고 1960년에 국립과학발명참고도서관을 설치하여 1966년 특허청도서관이 된 다섯 개 도서관을 단일시스템으로 개편, 하나의 국립도서관으로 통합하면서 새 도서관으로 모두 옮겨 왔다.

새로 지은 이 거대한 도서관은 한때 '24시간 태양이 지지 않은 대영제국'답게 바다를 항해하는 대형 함선을 빼어 닮았다. 미국 보스턴에 있는 케네디 대통령 도서관도 배 모양을 하고 있지만 이렇게 큰 배를 닮은 건물은 처음 본다. 총면적 120만 평방피트(약 3만 3,700평) 넓이로 지상 9층, 지하 5층 모두 14층 중에서 지하 1~4층까지는 서고이다. 보통 영국의 공공건물은 100년 수명을 기준으로 하고 있는데 이 도서관은 200년을 목표로 세우고 영국표준에 맞춰 섭씨 16~19도, 습도 45~55%를 항상 유지하도록 설계했다. 그리고 도서관 바로 옆 지하철 '빅토리아 선'에서 항시 일어나는 소음을 막기 위해 6m 두께의

대형 함선 모양의 영국 국립도서관.

지하 벽을 쌓아 가면서 세인트 킹스크로스 역과 동선을 최단 거리로 당긴 것을 보면 이용자를 위한 도서관의 세심한 배려가 돋보인다.

현관 안으로 들어가 로비를 비켜 2층으로 오르는 계단 앞에 "1998년 6월 25일 여왕 폐하께서 오픈하셨다."라고 적어 놓은 커다란 대리석 기초석이 바로 마주친다. 눈을 돌려 메인 홀 오른쪽을 보면 '만남의 장소'가 있고 그 앞바닥에 청동으로 만든 의자 모양의 커다란 책 한 권이 금방 눈에 띈다. 반쯤 펼쳐있는 책은 마치 장의자처럼 생겨 누구나 쉽게 앉을 수도 있다. 하지만 의자는 사슬에 묶인 채 쇳덩이를 달고 있어 아무도 앉지는 않는다. 의자도 아니고 책도 아닌 것이 왜 사슬에 묶여 있을

사슬에 묶인 책, 무슨 뜻일까?

까? "책에 있는 지식은 모두 내 것으로 묶어두자."가 아니면 "지식은 가져가되 책은 가지고 가지 마라."라는 뜻은 아닌지 혼자 생각해 봤다.

책은 원래 귀한 것이었다. 중세 사회에서 책을 소유한다는 것은 당시 대중을 지배하던 두 계층, 즉 성직자와 귀족만이 누릴 수 있는 특권이었다. 오랫동안 복잡한 수작업으로 만들어진 값비싼 책은 특권층의 전유물이 될 수밖에 없었다. 따라서 일반서민 중 대부분이 문맹자이지만 글을 해독하더라도 책을 살 여유가 없어 돈을 주고 빌리거나 빌려 온 책을 베끼는데 만족했다.

적어도 구텐베르크의 인쇄술이 등장한 후, 대량으로 책이 유통하기까지는 지식과 정보의 매개체가 아니라 값비싼 재산 품목이어서 모두 쇠사슬에 묶여야만 했다. 그만큼 책이 귀했던 시절이었다.

오스트리아 수도 빈의 한가운데에는 '도시 속의 도시'라 불리는 핵심자리에 10여 개의 궁전이 있는데, 100여 년의 공사기간을 거쳐 1220년경에 완성된 호프부르크(Hofburg: 구왕궁)와 18~20세기에 지어진 노이부르크(Neueburg: 신왕궁)로 구분한다.

18세기 초 황제 칼레스 6세(Charles VI)는 빈의 두 왕궁 사이에 있는 요셉 광장(Josefplats)에 도서관 건물을 착공했다. 이 건물은 칼레스의 아버지인 레오폴드 1세의 소원에 따라 만들었다고 전해진다. 1730년에 착공하여 수년 간에 걸쳐 완성된 아우구스틴 홀(Augustinersaal)은 지금 오스트리아 국립도서관 구관에 해당한다. 이곳의 메인 홀은 길이 77.7m, 너비 14.2m에 천장 높이는 19.6m가 되어 상당히 크고 높다. 게다가 건물 중앙에 29.9m가 되는 높은 돔이 솟아 있어 멀리서 보면 왕궁이나 큰 수도원처럼 보여 무척 아름답고 우아하다.

이 시기 황제들은 자신이 거처하는 동안 세력을 과시하기 위해 저마다 왕궁을 다른 건축물보다 더 아름답고 웅장하게 보이도록 외벽 곳곳에 기마상과 인물상 등 화려한 장식을 붙여 독특한 양식으로 지었다. 이 건물은 처음에는 호프비빌리오텍(Hofbibliothek, 領主圖書館, 구 제국 도서관)으로 활용하다가 1918년 오스트리아 공화국으로 출발하면서 '국립도서관'이 되었다가

오스트리아 국립도서관 신관. 온 벽과 창문이 화려한 조각으로 장식되어 있다.

1945년 다시 국가 명칭을 붙인 '오스트리아 국립도서관'으로 공식명칭을 바꾸었다. 전 세계적으로 아름답기로 소문난 이 도서관은 애초부터 간직한 특수 장서와 함께 이후 인문학술 분야에 두각을 나타내어 마침내 '세계의 5대 중요 도서관(The Five Important Libraries in the World)' 중 하나로 평가받게 되었다.

도서관을 찾는 방문객들은 주로 건물의 윙(wing: 중심건물의 옆으로 낀 건물) 가운데로 들어가게 된다. 승마학교로 사용되는 거대한 홀과 연결되는 로비를 통과해서 호프부르크의 작은 입구를 거치면 사방으로 열린 곳에 고전적인 처마장식의 윤곽이 드러난다. 도서관의 윗부분은 옛 로마의 거대한 이륜 전차를 미네르바(Minerva, 지혜의 여신)가 조종하고 있다.

바로크 양식으로 지어진 도서관 건물은 오스트리아 건축물 중 대표적인 걸작으로 평가받으며 유럽의 모든 도서관 중 가장 인상적인 건축물에 속한다고 한다. 중앙 돌출부의 둥근 천장에는 프레스코 화법으로 그린 하늘이 정말 그곳에 있는 것처럼 아름답다. 그림에는 책과 트로피에 둘러싸인 통치의 예술과 천재의 예술, 화려함과 신비한 오스트리아의 너그러움을 나타내는 전쟁의 신 마르스(Mars)와 불의 신 불칸(Vulcan) 등에 에워싸여 있는 용기 있는 황제들이 날개 달린 어린 천사들과 노니는 그림이 천자에 가득 차 있다.

여덟 개의 둥근 하늘 창이 있는 돔 아래, 프른크살(Prunksaal, 중앙 홀) 중앙 갤러리로 이끄는 계단 앞에는 이 도서관을 건립한 황제 칼레스 6세의 조각상이 긴 망토를 걸치고 한가운데 좌대에 서 있다. 이 조각품을 중심으로 주위에는 흰 대리석으로 만든 당대의 수도원장, 합스부르크 왕족, 유명 정치가 등 16개의 조각상이 두루마리 필사본 등을 들고 주요 코너마다 방향을 달리하여 제각기 자리를 지키고 있다. 이 조각상을 배경으로 네 벽면의 1~2층 서가에는 고서들이 빼곡히 차 있는데 모두 20만 권이 된다고 했다. 이 책들은 오스트리아의 문화재, 예술품들과 어우러져 있어 도서관이라기보다 박물관이나 미술전시관 같다. 그래서인지 도서관 방문객들은 도서관 이용자가 아니라 문화재를 관람하는 관광지로 바뀐 인상이다.

이 도서관 바로 길 건너편에는 '오스트리아 국립도서관' 간판을 단 현대 국립도서관이 함께 있다. 말발굽 모형의 옛 왕궁을 그대로 사용하면서 이용자를 위한 최신 시설과 세계적인 네트워크를 구축하고 자료열람과 대출 및 정보봉사를 하고 있다. 앞에 본 도서관이 박물관과 기록관을 겸하고 있는 데 비해 이곳은 순전히 이용자를 위주의 전형적인 도서관이다. 그러나 이곳이 도서관 자리가 아니었다. 새로운 대형 열람실을 확보하기 위해 서고 공간과 일부 이용자 공간을 요셉 광장에서 헬덴 광장 밑까지 지하에 여러 층으로 재배치하면서 400만 권의 도서를 수장할 수 있는 거대한 지하 서고를 만들고 도서관 서비스에도 획기적인 개선을 이루어 냈다. 그럼에도 도서관이 왕궁이어서인지 정면 전체의 전면에는 많은 화려한 조각상들이 창문과 창문 사이를 꽉 채우고, 2층에는 이오니아식 열주들이 위압적으로 배치되어 매우 장엄하며 아름답다.

좀 색다른 이야기지만, 화려한 국립도서관 바로 옆에 도서관과 전혀 관계가 없는 로스 하우스(Looshaus)라는 밋밋한 6층 건물 한 채가 끼어있다. 이 건물은 장식이 없는 건축물의 효시가 되는데 옛 왕궁이었던 도서관과 대비를 이루는 모습이 화제가 되어 언젠가 TV방송에서 다룬 적이 있다. 100여 년 전(1911) 아돌프 로스(Adolf Loose)가 설계한 건물로 왕궁 주위와 전혀 어울리지 않게 모든 벽면의 장식을 없애고 창문만 달아 건물이 너무 싱겁고 단순한 점에서 관광객들이 많이 찾는다.

당시 황제가 드나드는 입구인 화려한 광장에 무미건조한 양복점(지금은 은행)이 세워지자 황실과 시민으로부터 공사가 중단

로스 하우스 (사진출처: 위키피디아).

될 정도로 많은 압력과 미움을 받았다. 언론들도 흰 벽에 격자 무늬의 네모 창문만 있는 건물을 거리의 흉물로 보고 도시경관을 망친 '눈썹이 없는 건물', '맨홀 뚜껑으로 덮은 건물'이라고 혹평했다. 그렇지만 로스는 굴복하지 않았다. 새로운 시대에 새로운 가치는 불필요한 장식을 없애야 그 아름다움을 빛낼 수 있다고 응수하면서 건물의 기능성을 주창했다. 결국 "아름다운 건물이란 본래의 기능에 가장 충실한 건물이다."라는 그의 철학이 마침내 장식을 없앤 건축물의 효시가 되었다. 이 조그마한 사건이 오늘날 공간디자인의 초석이 되고 과거 건축과 현대 건축을 구분하는 분수령이 된 것이다. 지금 우리가 만나고 있는 수많은 현대적 도서관도 로스의 영향을 벗어나지 못한다.

중요한 것은 기능이지 넘치는 장식이나 스테인드글라스가 아니지 않을까.

이러한 기능을 최고 순위로 꼽는 현대 도서관 건축에서 어쩌면 상징이 될 만한 획기적인 도서관 하나가 최근 독일 슈투트가르트에 등장했다. 2012년 2월 1일 「조선일보」 2면에 실린 "독일 한복판에 순백의 9층 건물……"이 우리에게 알려졌다. 한 변이 45m인 정육면체 형태에 유리블록을 쌓아 네 방향 각 면에 문짝 모양의 창문을 81개(9×9=81)씩 내어 단순하면서도 친근감을 가진 이 도서관은 재독 한국인 건축가 이은영 교수가 설계해 당선된 건물로 7,900만 유로(약1,170억원)을 들여 12년 공사 끝에 2011년 10월 문을 연 것이다.

내부 전체를 순백색으로 해서 1~4층에는 뻥 뚫린 명상의 공간을 만들었다. 이곳은 일상을 벗어나 삶의 본질을 성찰하는 진공(眞空)과 같은 공간으로 아무 기능 없이 비워 두고 '심장(Das Herz)'으로 칭했다. 5~9층은 피라미드를 뒤집은 모양의 점층 구조로 도서관을 펼쳤다. 일반적인 도서관은 위로 오를수록 좁아지거나 평형을 유지하는 데 비해 이곳은 공간을 역으로 전개하여 올라갈수록 시야가 넓어져 맨 위층에 이르면 맨 아래층까지 한꺼번에 조망된다. 거기에다 도서관 안팎의 모든 장식을 걷어 내고, 건물은 주인이 아닌 객이면서 무대로 생각하는 의미에서 순수한 흰색을 고집했다. 그러니 여기서 볼 수 있는 다른 색깔은 건물의 주빈인 책과 사람뿐이다. 동시에 이곳은 독서실이 아니라 지식을 탐구하는 곳이고, 지식을 얻으려는

슈투트가르트 공공도서관 외관.
꼭대기 왼쪽 모서리에 한글로 '도서관'이 적혀있다(사진제공: 이은영 교수).

사람이 책으로 모이는 곳으로 정의하여 '책의 신전(Büchertempel)'이라는 애칭까지 붙었다.

또 하나의 특징으로, 정방형의 도서관 바깥 모습은 단조로운 건물이지만 단면을 흰색과 연회색 두 가지 색으로 통일해 깔끔함을 추구했다. 네 방위마다 건물 꼭대기 맨 외쪽에는 세계 각 문화권에서 뽑은 네 개 국어로 도서관을 뜻하는 단어를 새겨 넣었다. 놀랍게도 한국어로 '도서관'이 적혀 있고, 영어로 'Library', 독일어로 'Bibliothek', 아랍어로 도서관을 뜻하는 'مكتبة'까지 네 개의 단어가 사방에서 각각 빛을 발하고 있다. 독일 한복판에 찍힌 동양의 두 개 언어, 서양의 두 개 언어 중에 세종대왕의 한글이 채택된 것이 고맙고 한편으로 경이롭다. 독일 한복판, 지식의 전당에 새겨진 위대한 한글! 정말 눈이 부시다. 일간지 「프랑크푸르터 알게마이네 차이퉁(Frankfurter Allgemeine Zeitung)」이 '독일에서 가장 아름다운 도서관'으로 극찬한 것을 보면 이 도서관의 탄생은 결국 '이은영 교수 몸속에 흐르는 우리 민족의 창조적인 유전자와 오스트리아 로스 하우스의 실용적인 정신이 도서관 속에 그대로 녹아 있지 않을까'하는 생각을 해 보았다.

슈투트가르트 공공도서관 내관(사진제공: 이은영 교수).

우리의 도서관 건축, 무엇이 필요한가?

우리 주변에는 시민을 위한 공공시설이 수없이 많다. 그 중 책을 매개로 인간의 지혜를 계발하고 지식과 교양을 넓히는 사회적 장치는 도서관밖에 없다. 5천 년 역사를 이어온 도서관은 단순히 책만 저장하는 창고가 아니다. 사람과 책이 만나고 지식과 정보를 주고받는 책의 궁전일진데, 거기에 아름다운 매력이나 어떠한 상징성, 우리에게 주는 메시지가 없다면 도서관의 숭고한 이념과 가치는 퇴색하고 만다.

고대 이집트 알렉산드리아도서관은 현관의 팻말을 '영혼의 요양소'라고 붙였다. 그 팻말은 그리스 파트모스의 성 요한수도원도서관에도, 스위스의 장크트갈렌 수도원도서관에도 그대로 이어져 알렉산드리아도서관까지 연결되었다. 옛 자리에서 다시 태어나 벽면에 인류가 만든 120개의 문자를 새겨 '문자의 벽'으로 감싼 도서관은 이집트가 상형문자를 만든 문자의 종주국임을 내·외국에 밝히고 있다.

문화의 선진국인 프랑스의 미테랑국립도서관은 센 강 변에 책을 펼친 모양의 빌딩을 네 개나 세워 어디서 보아도 도서관임을 알린다. 미국의 캔자스 시립도서관은 앞면에 벽돌 대신 커다란 책 모형을 세워 벽을 만들었고, 이탈리아의 넴브로도서관은 점토타일로 모자이크 하여 온 벽면을 책등(book spine) 모양으로 치장했다. 도서관이 곧 책이라는 것을 만방에 고하고 있는 것이다.

지난 여름(2011.8)에 찾아간 캘리포니아 샌디에이고 주립대학(UCSD) 가이젤(Geisel)도서관은 형태 또한 기발하다. 캠퍼스 한 복판에 거대한 느티나무가 서 있는 것 같기도 하다. 1970년 건축가 페라이러(W. Pereira)가 지은 이 건물은 가장 근대적인 도서관(The Most modern library)으로 세계에서 25번 안에 꼽힌다.

그 모양을 보면 언뜻 '뿌리 깊은 나무'가 연상된다. 1~2층은 반지하에 있어 나무의 뿌리가 되는데 서비스를 지원하는 사서 공간이고, 4~8층은 잎과 가지가 되는 책과 이용자들의 공간이다. 그리고 지표면에서 솟아오르는 나무의 큰 기둥은 3층에 해당하여 아래와 위를 서로 연결해 주고 있다. 그러나 다른 시각으로 보면 나무의 기둥은 금방 힘찬 손이 되어 양손에 큰 보석을 움켜쥐고 있는 모습 같기도 하다. 아니 그보다 양손은 지식의 보물을 담은 책을 한 아름 안고 있는 것 같기도 하다. 그 뜻

캘리포니아 샌디에이고대학 가이젤도서관.

은 아마도 책을 떠받치는 '지식을 담은 거대한 나무'가 아닐까 하고 추측해 본다. 내 눈에는 그렇게 비쳤다.

이렇게 건물 전체가 허락되지 않으면 뉴욕 공공도서관처럼 정문 머리 위의 페디먼트(pediment, 고전건물의 앞쪽 삼각형의 지붕 박공널)에 설립자의 조각상을 세워 둔다. 어떤 도서관은 건물 정면 아치의 이맛돌(keystone)에 지식이나 지혜의 표상을 넣기도 한다. 아치 건물의 핵심은 이맛돌이기 때문이다. 1888년 건립된 미국 보스턴 공공도서관 석벽의 이맛돌에는 미네르바를 조각해 두고, 바로 그 위에는 'FREE TO ALL(모든 사람에게 무료로)'이라는 글을 깊이 새겨 놓았다.

특히 건축적인 측면에서 우리나라 유수의 여자 대학교 창

보스턴 공공도서관 이맛돌.

립 '100주년 기념 도서관'은 정방형의 석조 건물을 양쪽 문으로 적절히 활용해 기능 면에서 손색이 없다. 또 여성적이면서 중후한 기념성을 표현하고 기존 건물과도 조화를 이룬다. 다만 텅 빈 이맛돌(2곳)에 책이나 도서관을 나타내는 아름다운 글이나 대학 로고 또는 상징적 기호라도 붙였다면 더 좋았을 걸 그랬다. 우리나라의 많은 도서관이 이런 사소한 부분을 간과하고 있다. 우리 도서관도 이런 곳에 설립자나 후원자의 조상을 세우면 더 많은 후원자가 나타날 것 같고, 빈 벽면에 책을 표현한 짧은 경구나 시구를 적어 둔다면 멀리 있는 도서관도 가까이 다가올 것 같다.

우리나라 국립중앙도서관은 언제 어떻게 출발해서 오늘까지 이어 왔는지 지나온 건축의 의미를 알면 흥미로울 것이다. 1923년 일제는 서울 소공동 옛 남별궁(南別宮) 터(지금 롯데호텔이 있는 자리)에 짙은 벽돌로 장방형의 일본식 건물을 지어 '조선총독부도서관'이라는 간판을 달았다. 이 도서관은 광복과 함께 1945년 10월 15일 '국립도서관'이라는 이름으로 발족했다. 내부는 다소 고쳤지만 건물 자체는 일제가 준 것을 손 하나 대지 못하고 23년간 사용할 수밖에 없었다.

3년 간의 한국전쟁을 겪은 후 도서관은 건물이 낡은 데다 시일이 지남에 따라 도시 계획에 의해 어딘가로 옮겨야만 했다. 마침 박정희 대통령과 육영수 여사가 남산 중턱에 지상 14층, 지하 5층의 현대식 타워빌딩으로 '어린이 회관'을 건립해 사용하던 것이 성동구 어린이대공원으로 이전함에 따라 회관 내부를 전부 고쳐 1974년 12월 국립도서관으로 사용하게 되었다. 어린이 회관은 당시로는 최첨단 건물이었다. 옥상에 큰 돔을 인 천문대가 있고, 1층에는 광장과 대강당, 그리고 지하 2~4층은 모두 실내수영장이었다. 애초부터 도서관이 아니었기에 어린이 전용 시설을 한정된 장소 안에서 새로 고친다는 것은 기술적으로도 쉽지 않았을 것이다.

이렇게 남산 중턱의 국립도서관은 졸속으로 정했기 때문에 기능적 면에서 도서관으로는 전혀 맞지 않았다. 우선 위치가 너무 높았고 교통이 불편하여 접근하기가 어려웠다. 모든 건물의 구조 자체가 어린이를 위주로 건축되었기 때문에 실내의 공간들이 너무 협소했고, 작은 방들이 함께 이어져 있어 업무의 효율성에도 문제가 많았다. 게다가 계단까지 어린이 보폭으로 설계되어 성인이 오르내리기 불편했을 뿐더러 엘리베이터까지 비좁아 성인 네 사람이 타면 꽉 찼다. 더욱이 책을 보관할 공간이 없어 지하수영장을 이용할 수밖에 없었다. 각양각색의 세계 만국기를 타일로 모자이크한 수영장을 그대로 둔 채 얼기설기 서가를 꽂았다. 물을 뺀 수영장이지만 귀중한 장서를 이렇게 14년이나 버려뒀다는 사실은 한국의 국립중앙도서관 역사에서 웃지 못할 아이러니다. 당시 최신식 빌딩을 수시로 드나들면서 내가 보고 느낀 감상의 한 단편이다.

1988년 5월, 마침내 국립중앙도서관은 제집을 찾았다. 남산

한국 국립중앙도서관 전경, 앞쪽에 디지털 도서관을 새로 건립했다
(『한국의 도서관』 사진 인용).

시대를 마감하고 서초구 반포동에 부지 14만 2,233㎡에 지상 7층, 지하 1층, 연면적 3만 4,773㎡ 규모의 새로운 건물을 지어 반포동시대의 막을 올린 것이다. 장방형의 우람찬 건물은 규모도 크고 웅장해 위엄 있어 보인다. 하지만 국립도서관으로서 인상적인 심볼이나 어떤 역사적, 문화적 상징물은 어디에서도 찾을 수 없다. 다만 도서관을 준공한 대통령이 도서관 앞에 '국민 독서교육의 전당'이라고 쓴 큰 바윗돌만 덩그렇게 세워두었을 뿐이다. 한 국가의 대표 도서관이 어찌 '국민을 독서교육 시키는 집'인가?

국립도서관은 독서교육을 떠나 국가의 문헌을 총괄하여 지식 강국을 선도하는 중추기관이자 그 나라의 지식과 정보를 저장하는 국가대표 도서관이다. 따라서 여기에는 국립도서관이 걸어온 정치적, 역사적 의미를 부여해야 하고 책과 사람이 만난다는 문화적 상징성이 담보되어야 한다. 하지만 도서관 내부는 적당한 칸막이를 친 책의 공간만 있고 사람이 만나는 공간은 한참 모자란다. 그리고 외관은 관청 건물을 그대로 답습하여 길게 뻗은 계단과 사람을 압도하는 크기, 그리고 좌우대칭이라는 권위주의적 건축형태가 고스란히 표현되어 있다. 정면 8개의 둔탁한 기둥 선과 양쪽 끝 면의 굵은 기둥 그리고 콘크리트 빼대에 육중한 처마 돌을 붙여 건물이 너무 무겁게 보여 위압감만 줄 뿐이다. 그뿐만 아니다. 접근성에서도 문제점이 지적된다. 서울에 지하철 노선이 열 개가 훨씬 넘지만 도서관 앞에 멈추는 노선은 단 하나도 없다. 로마의 중심을 가로지

르는 테르미니 지하철역 코앞에 붙어있는 이탈리아의 국립도서관은 말할 것 없고, 파리의 미테랑국립도서관 앞에 있는 3개의 지하철역(C·6·14호선)과 비교하면 부끄러운 수준이다.

도서관의 성장은 새로운 도서관을 필요하게 한다. 2009년 5월, 본관 앞에 독립 건물로 지상 3층, 지하 5층, 38,014m^2 규모의 나지막한 디지털 도서관을 신축 개관했다. 본관 건물을 비켜서 지붕구조를 낮게 짓고 지붕구조를 지상 1층까지 사선으로 연결해 본관의 정면이 노출되어 다소 숨통이 트인다. 건너편에는 사서 연수원 등 부속건물과 일체감을 주도록 배려한 것이 그나마 다행이다.

잠시, 우리 도서관을 더 찾기 전에 북한의 국립중앙도서관인 인민대학습당을 한번 들여다보자. 북한의 3대 건축물의 하나로 손꼽는 인민대학습당은 평양 한복판 김일성광장 주석단 바로 뒤에 김일성의 70회 생일을 기념해 조선 전통 양식으로 34개의 지붕에 75만 장의 청기와를 덮어 1982년 4월 15일 개관했다. 연건평 10만m^2에 건축면적 23,000m^2로 건물의 높이가 63m, 너비 150m, 길이 190m로 단일 건물로서는 세계에서 가장 큰 도서관이다. 모두 10개 동으로 된 10층 건물로 학이 날개를 펼치고 무리를 지어 대동강을 날아가는 모습을 형상화했다. 그 안에는 5,000석의 열람석과 3,000만 권의 책을 넣을 서고, 800석 규모의 강의실 및 시청각실 그리고 외국 기술도서 번역실과 다수의 학습실이 있다. 또한 200명의 번역집단, 200

명의 강사와 800명의 사서가 교대로 근무하며 이를 지원한다 (송승섭, 『북한 도서관의 이해』, pp.147~170).

'5,000석의 열람석과 3,000만 권의 책을 넣을 서고' 등 과장된 면도 없지는 않지만 인권은 물론 온 국민의 자유가 억압되고 끼니조차 힘든 나라에 이런 도서관이 있다는 사실이 놀랍다. 도서관이 그렇게 화려하고 웅장할뿐더러 세계에서 가장 크다는 것도 그렇다. 최고 권력자가 이만큼 열정을 쏟아 붇기도 쉽지 않거니와 수도의 가장 핵심자리에 위치하여 정치적, 문화적 상징성에서 이렇게 특출한 도서관은 세계 어디에서도 유례가 없는 일이다. 고대 이집트도 아니고 그리스 로마 시대도 아닌데, 도서관이 도대체 무엇이기에 그것을 국가목표로 삼아 이

인민대학습당. 옆에는 항상 분수가 솟아나고 있다
(사진제공: 통일부 북한자료센터).

렇게 집중하는 것일까? 분명히 연구테마가 될 만하다. 어쨌든 절대 권력자의 통치 철학이 담긴 이 도서관은 '민족적 건축예술론을 대표한다.'는 독특한 조선 건축 양식의 아름다움을 가지고 도서관에 쏟는 그들의 자부심까지 더해져 외국 방문객을 맞이하는 방문코스 제1호로 정해져 있다.

'인민이 자유롭게 놀며 공부할 수 있는 사회주의의 전당'으로 테마를 건 인민대학습당은 1979년 착공 후 불과 1년 9개월이란 짧은 기간 동안 건립되었다. 그러나 그 구상은 김일성이 1975년부터 1994년 죽는 날까지 『김일성 저작집』에 30여 차례 기술할 정도로 오랫동안 그의 강한 집념이 지속하였기에 가능했던 것이다. 이러한 사례는 오랜 도서관 역사를 모두 들추어 보아도 찾아볼 수 없는 기이한 현상이다. 이 세상 어느 국가지도자가 자기 어록에 '도서관'을 표현한 언어를 서른 번이나 기술한 사실이 있었던가! 여러분은 어떻게 생각하시는가? 이데올로기를 떠나 정치지도자가 도서관의 가치와 능력을 이해하고 실천한다는 것이 놀랍지 않은가! 왜 우리에게는 진정으로 도서관을 사랑하는 지도자가 보이지 않을까? 왜 우리 도서관에서는 저들과 같은 강력한 표어나 애정 같은 것을 발견할 수 없을까?

대한민국 국회도서관은 1952년 한국전쟁 중 부산에서 직원 1명에 장서 3,604책을 가지고 시작했다. 서울 수복 후 태평로 국회의사당 별관에서 독자적으로 도서관을 사용하다 1975

년 9월 국회가 여의도로 이전함에 따라 도서관도 함께 따라갔다. 그러나 독립된 도서관이 없어 국회의사당 지하층에서 한동안 기거했다. 여의도 섬을 메워 조성한 국회의사당 지하실에 설치한 국회도서관의 책들은 햇빛과 신선한 공기도 없이 습기 찬 지하실에 수장(收藏)된 채 십수 년을 지내야만 했다.

새로 지은 국회도서관은 의사당을 중심으로 왼편에 국회도서관(전자 도서관 겸 보존서고 포함), 오른편에 의원회관을 두어 전체가 'ㄷ'자 형태를 하고 있다. 1988년 2월에 개관한 지상 5층, 지하 1층, 연 면적 26,649평방m의 장방형의 석조건물 4면 모두 흰색기둥을 붙여 멀리서 보면 사방에 열주를 세워둔 것 같아 위엄성도 있어 보인다. 밖에서 보면 미국 의회도서관의 메디슨관과 같이 사각 꼴이지만, 내부는 제퍼슨관과 같은 돔을 갖춘 로툰다(rotunda, 지붕이 둥근 꼴의 건축물) 형을 택해 로비의 바닥을 대리석을 사용해 방사형으로 꾸몄다. 그러나 무늬만 그렇게 원으로 새겨 두었지 어떻게 활용해야 할 지는 몰랐다. 도서관의 진정한 승리는 로비에서 결판이 난다. 중요한 것은 화려한 로비가 아니라 그 안에 가득 찬 지식이다. 도서관은 책과 사람이 만나는 지식의 공간이므로 책을 보여주고, 책과 사람이 치열하게 싸움하는 씨름판이어야 하지 시간을 잡아먹는 대합실이 되어서는 아니 된다. 서울의 K대학 중앙도서관도 같은 경우다. 똑같이 좋은 로비를 마련해 두었지만 공간을 제대로 활용하지 못한 것은 마찬가지다. 사진으로나마 비교해 보자. 미국 의회 제퍼슨 도서관 열람실, 대영 박물관도서관 열람실, 그리고

미국 의회도서관 제퍼슨 원형열람실.

대합실이 된 대한민국 국회도서관 원형 로비(『한국의 도서관』 사진인용).

캐나다 의회도서관 대열람실이 얼마나 아름다운 장관을 보여 주는가를.

'성스러운 도서관'을 지은 고대 이집트와 도서관을 구실로 정치를 했던 그리스 로마는 도서관의 크기가 나라의 크기와 같다고 생각했다. 도서관이 커지면 국력이 강해진다고 해서 남보다 더 훌륭한 도서관을 지었다. 그리스에 파피루스 수출을 금지한 고대 이집트를 보면, 그만큼 훌륭한 도서관이 있다는 것이 강력한 국력과 우수한 문화의 징표가 된다는 사실을 우리에게 실질적으로 증명해 준다.

세계적으로 이름 있는 대학을 보면 그곳에는 반드시 아름다운 도서관을 가지고 있다. 이른바 명문 대학치고 시원찮은 도서관을 가진 대학이 없고, 아름답고 훌륭한 도서관을 가진 대학치고 뒤처진 대학은 이 세상 어디에도 없다. 예나 지금이나 대학에 귀빈이 오면 가장 먼저 보여 주는 곳이 도서관이다. 도서관은 그 대학에서 가장 아름답고 가장 귀한 보물을 간직하고 있으며 대학의 수준을 가장 적나라하게 보여 줄 수 있는 곳이기 때문이다.

영국의 시인 존 던이 "지상에서 가장 아름다운 곳은 대학 캠퍼스다."라고 한 것은 울창한 숲이 있고, 고색창연한 건물이 있으며, 책을 든 젊은이들이 활기차게 숨 쉬고 있기 때문이라고 했다. 거기에다 인류의 지식을 모아둔 책과 정보가 가득한 도서관이 있어 대학은 지상에서 가장 아름다운 곳이 되는 것이다. 하버드대학 캠퍼스로 들어오는 쪽문 위에는 "지혜 속에서 성장하려면 이 문으로 들어오라."라는 말이 깊이 새겨져 있다. 그 지혜는 어디에서 찾을까? "그곳은 바로 도서관"이라는 생각이 드는 것은 비단 나 혼자만이 아닐 것이다.

아름다운 도서관은 옆에 무엇이 있는가에 따라 그 가치가 달라진다. 고대 알렉산드리아도서관이 지중해 연안 바닷가에 터를 잡고 있듯 세계 유수의 대학이나 도서관도 강이나 호수를 끼고 있는 곳이 많다. 찰스 강 옆의 하버드대학과 와이드너도서관도 그렇고, 황소(ox)가 건너는 여울(ford)에 있는 107개의 옥스퍼드 대학도서관, 캠(Cam)강의 다리(bridge) 곁에 있는 케임브리지대학의 렌도서관 모두 물과 친한 곳에 자리 잡고 있다.

지자요수(智者樂水)라고 하지 않던가. 생리학적으로 물은 머리를 식혀주는 작용을 한다고 했다. 그래서 머리를 많이 쓰는 사람은 물을 자주 보고 많이 대하는 것이 좋다고 한다. 그래서인지 유럽이나 미국의 대학캠퍼스는 강이나 호수 가까운 곳에 있는 곳이 많다. 그러한 환경이 못 된다면 도서관 주위에 연못을 만들고 아름다운 분수를 설치하여 '지혜의 샘', '지식의 원천'이라고 이름을 붙인다.

조선 시대 왕실도서관 규장각은 아름답기도 하지만 상징적 의미가 더 크다. 도서관 앞에는 천원지방(天圓地方)의 원리에 따라 네모난 부용지(芙蓉池)에 둥근 섬을 만들어 부용정을 지었다. 입구에 어수문(魚水門)을 세워 연못의 잉어가 용이 될 수 있다는 상징성이 예사롭지 않다. 규장각은 단순한 도서관이 아니다. 젊고 유능한 인재를 모아 정사를 논하면서 왕도정치를 펴던 활동의 공간이자 책을 펼쳐 읽는 열람실이고 아름다운 도서관이었다. 앞으로 우리가 다시 '도서관 건축'을 이야기한다면 먼저 우리 선조가 남긴 규장각의 깊은 의미부터 헤아린 후 시작해야 할 것 같다.

참고문헌

『한국의 도서관: 과거 현재, 미래』, 서울세계도서관정보대회, 2006.

송승섭, 『북한 도서관의 이해』, 한국도서관협회, 2008.

최정태, 『지상의 아름다운 도서관』, 한길사, 2006.

최정태, 『지상의 위대한 도서관』, 한길사, 2011.

A Landmark Building: Reflections on The Bibliotheca Alexandrina, 2006.

Bibliothek, Kloster Wiblingen,(English Ed.),[n.d.]

Carpenter, Kenneth E., The First 350 Years of the Harvard University Library: Description of an Exhibition, Harvard University Library, 1986.

Charles A. Goodrum, Treasures of The Library of Congress. Harry N. Abrams. 1980.

Guillaume de Laubier, et al., The Most Beautiful Libraries in the World. Harry N. Abrams Inc., 2003.

John Y. Cole and Henry Hope Reed, The Library of Congress : The Art and Architecture of the Thomas Jefferson Building. W.W.Norton & Co., 1997.

Johannes Duft, The Abbey Library of Saint Gall, Verlag am Klosterhof, 1999.

Konstantinos Sp. Staikos, The Great Libraries: From Antiquity to the Renaissance, The British Library, 2000.

Lionel Casson, Libraries in the Ancient World, Yale Univ. Pr., 2001

Marjorie Caygill, The British Museum Reading Room, The Trustees of The British Museum, 2000.

OMA/LMN Architects, Seattle Public Library, Actar, 2005.

Philip Howard, The British Library: A Treasure House of Knowledge, 2008.

프랑스엔 〈크세주〉, 일본엔 〈이와나미 문고〉, 한국에는 〈살림지식총서〉가 있습니다.

전자책 | 큰글자 | 오디오북

001 미국의 좌파와 우파 | 이주영
002 미국의 정체성 | 김형인
003 마이너리티 역사 | 손영호
004 두 얼굴을 가진 하나님 | 김형인
005 MD | 정욱식
006 반미 | 김진웅
007 영화로 보는 미국 | 김성곤
008 미국 뒤집어보기 | 장석정
009 미국 문화지도 | 장석정
010 미국 메모랜덤 | 최성일
011 위대한 어머니 여신 | 장영란
012 변신이야기 | 김선자
013 인도신화의 계보 | 류경희
014 축제인류학 | 류정아
015 오리엔탈리즘의 역사 | 정진농
016 이슬람 문화 | 이희수
017 살롱문화 | 서정복
018 추리소설의 세계 | 정규웅
019 애니메이션의 장르와 역사 | 이용배
020 문신의 역사 | 조현설
021 색채의 상징, 색채의 심리 | 박영수
022 인체의 신비 | 이성주
023 생물학무기 | 배우철
024 이 땅에서 우리말로 철학하기 | 이기상
025 중세는 정말 암흑기였나 | 이경재
026 미셸 푸코 | 양운덕
027 포스트모더니즘에 대한 성찰 | 신승환
028 조폭의 계보 | 방성수
029 성스러움과 폭력 | 류성민
030 성상 파괴주의와 성상 옹호주의 | 진형준
031 UFO학 | 성시정
032 최면의 세계 | 설기문
033 천문학 탐구자들 | 이면우
034 블랙홀 | 이충환
035 법의학의 세계 | 이윤성
036 양자 컴퓨터 | 이순칠
037 마피아의 계보 | 안혁
038 헬레니즘 | 윤진
039 유대인 | 정성호
040 M. 엘리아데 | 정진홍
041 한국교회의 역사 | 서정민
042 야웨와 바알 | 김남일
043 캐리커처의 역사 | 박창석
044 한국 액션영화 | 오승욱
045 한국 문예영화 이야기 | 김남석
046 포켓몬 마스터 되기 | 김윤아
047 판타지 | 송태현
048 르 몽드 | 최연구
049 그리스 사유의 기원 | 김재홍
050 영혼론 입문 | 이정우
051 알베르 카뮈 | 유기환
052 프란츠 카프카 | 편영수
053 버지니아 울프 | 김희정
054 재즈 | 최규용
055 뉴에이지 음악 | 양한수
056 중국의 고구려사 왜곡 | 최광식
057 중국의 정체성 | 강준영
058 중국의 문화코드 | 강진석
059 중국사상의 뿌리 | 장현근
060 화교 | 정성호
061 중국인의 금기 | 장범성
062 무협 | 문현선
063 중국영화 이야기 | 임대근
064 경극 | 송철규
065 중국적 사유의 원형 | 박정근
066 수도원의 역사 | 최형걸
067 현대 신학 이야기 | 박만
068 요가 | 류경희
069 성공학의 역사 | 정해윤
070 진정한 프로는 변화가 즐겁다 | 김학선
071 외국인 직접투자 | 송의달
072 지식의 성장 | 이한구
073 사랑의 철학 | 이정은
074 유교문화와 여성 | 김미영
075 매체 정보란 무엇인가 | 구연상
076 피에르 부르디외와 한국사회 | 홍성민
077 21세기 한국의 문화혁명 | 이정덕
078 사건으로 보는 한국의 정치변동 | 양길현
079 미국을 만든 사상들 | 정경희
080 한반도 시나리오 | 정욱식
081 미국인의 발견 | 우수근
082 미국의 거장들 | 김홍국
083 법으로 보는 미국 | 채동배
084 미국 여성사 | 이창신
085 책과 세계 | 강유원
086 유럽왕실의 탄생 | 김현수
087 박물관의 탄생 | 전진성
088 절대왕정의 탄생 | 임승휘
089 커피 이야기 | 김성윤
090 축구의 문화사 | 이은호
091 세기의 사랑 이야기 | 안재필
092 반연극의 계보와 미학 | 임준서

093 한국의 연출가들 | 김남석
094 동아시아의 공연예술 | 서연호
095 사이코드라마 | 김정일
096 철학으로 보는 문화 | 신응철
097 장 폴 사르트르 | 변광배
098 프랑스 문화와 상상력 | 박기현
099 아브라함의 종교 | 공일주
100 여행 이야기 | 이진홍
101 아테네 | 장영란
102 로마 | 한형곤
103 이스탄불 | 이희수
104 예루살렘 | 최창모
105 상트 페테르부르크 | 방일권
106 하이델베르크 | 곽병휴
107 파리 | 김복래
108 바르샤바 | 최건영
109 부에노스아이레스 | 고부안
110 멕시코 시티 | 정혜주
111 나이로비 | 양철준
112 고대 올림픽의 세계 | 김복희
113 종교와 스포츠 | 이창익
114 그리스 미술 이야기 | 노성두
115 그리스 문명 | 최혜영
116 그리스와 로마 | 김덕수
117 알렉산드로스 | 조현미
118 고대 그리스의 시인들 | 김헌
119 올림픽의 숨은 이야기 | 장원재
120 장르 만화의 세계 | 박인하
121 성공의 길은 내 안에 있다 | 이숙영
122 모든 것을 고객중심으로 바꿔라 | 안상헌
123 중세와 토마스 아퀴나스 | 박주영
124 우주 개발의 숨은 이야기 | 정홍철
125 나노 | 이영희
126 초끈이론 | 박재모 · 현승준
127 안토니 가우디 | 손세관
128 프랭크 로이드 라이트 | 서수경
129 프랭크 게리 | 이일형
130 리차드 마이어 | 이성훈
131 안도 다다오 | 임채진
132 색의 유혹 | 오수연
133 고객을 사로잡는 디자인 혁신 | 신언모
134 양주 이야기 | 김준철
135 주역과 운명 | 심의용
136 학계의 금기를 찾아서 | 강성민
137 미 · 중 · 일 새로운 패권전략 | 우수근
138 세계지도의 역사와 한반도의 발견 | 김상근
139 신용하 교수의 독도 이야기 | 신용하
140 간도는 누구의 땅인가 | 이성환
141 말리노프스키의 문화인류학 | 김용환
142 크리스마스 | 이영제
143 바로크 | 신정아
144 페르시아 문화 | 신규섭
145 패션과 명품 | 이재진
146 프랑켄슈타인 | 장정희
147 뱀파이어 연대기 | 한혜원
148 위대한 힙합 아티스트 | 김정훈
149 살사 | 최명호
150 모던 걸, 여우 목도리를 버려라 | 김주리
151 누가 하이카라 여성을 데리고 사누 | 김미지
152 스위트 홈의 기원 | 백지혜
153 대중적 감수성의 탄생 | 강심호
154 에로 그로 넌센스 | 소래섭
155 소리가 만들어낸 근대의 풍경 | 이승원
156 서울은 어떻게 계획되었는가 | 염복규
157 부엌의 문화사 | 함한희
158 칸트 | 최인숙
159 사람은 왜 인정받고 싶어하나 | 이정은
160 지중해학 | 박상진
161 동북아시아 비핵지대 | 이삼성 외
162 서양 배우의 역사 | 김정수
163 20세기의 위대한 연극인들 | 김미혜
164 영화음악 | 박신영
165 한국독립영화 | 김수남
166 영화와 샤머니즘 | 이종승
167 영화로 보는 불륜의 사회학 | 황혜진
168 J.D. 샐린저와 호밀밭의 파수꾼 | 김성곤
169 허브 이야기 | 조태동 · 송진희
170 프로레슬링 | 성민수
171 프랑크푸르트 | 이기식
172 바그다드 | 이동은
173 아테네인, 스파르타인 | 윤진
174 정치의 원형을 찾아서 | 최자영
175 소르본 대학 | 서정복
176 테마로 보는 서양미술 | 권용준
177 칼 마르크스 | 박영균
178 허버트 마르쿠제 | 손철성
179 안토니오 그람시 | 김현우
180 안토니오 네그리 | 윤수종
181 박이문의 문학과 철학 이야기 | 박이문
182 상상력과 가스통 바슐라르 | 홍명희
183 인간복제의 시대가 온다 | 김홍재
184 수소 혁명의 시대 | 김미선
185 로봇 이야기 | 김문상
186 일본의 정체성 | 김필동
187 일본의 서양문화 수용사 | 정하미
188 번역과 일본의 근대 | 최경옥
189 전쟁국가 일본 | 이성환
190 한국과 일본 | 하우봉
191 일본 누드 문화사 | 최유경
192 주신구라 | 이준섭
193 일본의 신사 | 박규태
194 미야자키 하야오 | 김윤아
195 애니메이션으로 보는 일본 | 박규태
196 디지털 에듀테인먼트 스토리텔링 | 강심호
197 디지털 애니메이션 스토리텔링 | 배주영
198 디지털 게임의 미학 | 전경란
199 디지털 게임 스토리텔링 | 한혜원
200 한국형 디지털 스토리텔링 | 이인화

201 디지털 게임, 상상력의 새로운 영토 | 이정엽
202 프로이트와 종교 | 권수영
203 영화로 보는 태평양전쟁 | 이동훈
204 소리의 문화사 | 김토일
205 극장의 역사 | 임종엽
206 뮤지엄건축 | 서상우
207 한옥 | 박명덕
208 한국만화사 산책 | 손상익
209 만화 속 백수 이야기 | 김성훈
210 코믹스 만화의 세계 | 박석환
211 북한만화의 이해 | 김성훈 · 박소현
212 북한 애니메이션 | 이대연 · 김경임
213 만화로 보는 미국 | 김기홍
214 미생물의 세계 | 이재열
215 빛과 색 | 변종철
216 인공위성 | 장영근
217 문화콘텐츠란 무엇인가 | 최연구
218 고대 근동의 신화와 종교 | 강성열
219 신비주의 | 금인숙
220 십자군, 성전과 약탈의 역사 | 진원숙
221 종교개혁 이야기 | 이성덕
222 자살 | 이진홍
223 성, 그 억압과 진보의 역사 | 윤가현
224 아파트의 문화사 | 박철수
225 권오길 교수가 들려주는 생물의 섹스 이야기 | 권오길
226 동물행동학 | 임신재
227 한국 축구 발전사 | 김성원
228 월드컵의 위대한 전설들 | 서준형
229 월드컵의 강국들 | 심재희
230 스포츠마케팅의 세계 | 박찬혁
231 일본의 이중권력, 쇼군과 천황 | 다카시로 고이치
232 일본의 사소설 | 안영희
233 글로벌 매너 | 박한표
234 성공하는 중국 진출 가이드북 | 우수근
235 20대의 정체성 | 정성호
236 중년의 사회학 | 정성호
237 인권 | 차병직
238 헌법재판 이야기 | 오호택
239 프라하 | 김규진
240 부다페스트| 김성진
241 보스턴 | 황선희
242 돈황 | 전인초
243 보들레르 | 이건수
244 돈 후안 | 정동섭
245 사르트르 참여문학론 | 변광배
246 문체론 | 이종오
247 올더스 헉슬리 | 김효원
248 탈식민주의에 대한 성찰 | 박종성
249 서양 무기의 역사 | 이내주
250 백화점의 문화사 | 김인호
251 초콜릿 이야기 | 정한진
252 향신료 이야기 | 정한진
253 프랑스 미식 기행 | 심순철
254 음식 이야기 | 윤진아
255 비틀스 | 고영탁
256 현대시와 불교 | 오세영
257 불교의 선악론 | 안옥선
258 질병의 사회사 | 신규환
259 와인의 문화사 | 고형욱
260 와인, 어떻게 즐길까 | 김준철
261 노블레스 오블리주 | 예종석
262 미국인의 탄생 | 김진웅
263 기독교의 교파 | 남병두
264 플로티노스 | 조규홍
265 아우구스티누스 | 박경숙
266 안셀무스 | 김영철
267 중국 종교의 역사 | 박종우
268 인도의 신화와 종교 | 정광흠
269 이라크의 역사 | 공일주
270 르 코르뷔지에 | 이관석
271 김수영, 혹은 시적 양심 | 이은정
272 의학사상사 | 여인석
273 서양의학의 역사 | 이재담
274 몸의 역사 | 강신익
275 인류를 구한 항균제들 | 예병일
276 전쟁의 판도를 바꾼 전염병 | 예병일
277 사상의학 바로 알기 | 장동민
278 조선의 명의들 | 김호
279 한국인의 관계심리학 | 권수영
280 모건의 가족 인류학 | 김용환
281 예수가 상상한 그리스도 | 김호경
282 사르트르와 보부아르의 계약결혼 | 변광배
283 초기 기독교 이야기 | 진원숙
284 동유럽의 민족 분쟁 | 김철민
285 비잔틴제국 | 진원숙
286 오스만제국 | 진원숙
287 별을 보는 사람들 | 조상호
288 한미 FTA 후 직업의 미래 | 김준성
289 구조주의와 그 이후 | 김종우
290 아도르노 | 이종하
291 프랑스 혁명 | 서정복
292 메이지유신 | 장인성
293 문화대혁명 | 백승욱
294 기생 이야기 | 신현규
295 에베레스트 | 김법모
296 빈 | 인성기
297 발트3국 | 서진석
298 아일랜드 | 한일동
299 이케다 하야토 | 권혁기
300 박정희 | 김성진
301 리콴유 | 김성진
302 덩샤오핑 | 박형기
303 마거릿 대처 | 박동운
304 로널드 레이건 | 김형곤
305 셰이크 모하메드 | 최진영
306 유엔사무총장 | 김정태
307 농구의 탄생 | 손대범
308 홍차 이야기 | 정은희

309 인도 불교사 | 김미숙
310 아힌사 | 이정호
311 인도의 경전들 | 이재숙
312 글로벌 리더 | 백형찬
313 탱고 | 배수경
314 미술경매 이야기 | 이규현
315 달마와 그 제자들 | 우봉규
316 화두와 좌선 | 김호귀
317 대학의 역사 | 이광주
318 이슬람의 탄생 | 진원숙
319 DNA분석과 과학수사 | 박기원
320 대통령의 탄생 | 조지형
321 대통령의 퇴임 이후 | 김형곤
322 미국의 대통령 선거 | 윤용희
323 프랑스 대통령 이야기 | 최연구
324 실용주의 | 이유선
325 맥주의 세계 | 원융희
326 SF의 법칙 | 고장원
327 원효 | 김원명
328 베이징 | 조창완
329 상하이 | 김윤희
330 홍콩 | 유영하
331 중화경제의 리더들 | 박형기
332 중국의 엘리트 | 주장환
333 중국의 소수민족 | 정재남
334 중국을 이해하는 9가지 관점 | 우수근
335 고대 페르시아의 역사 | 유흥태
336 이란의 역사 | 유흥태
337 에스파한 | 유흥태
338 번역이란 무엇인가 | 이향
339 해체론 | 조규형
340 자크 라캉 | 김용수
341 하지홍 교수의 개 이야기 | 하지홍
342 다방과 카페, 모던보이의 아지트 | 장유정
343 역사 속의 채식인 | 이광조 (절판)
344 보수와 진보의 정신분석 | 김용신
345 저작권 | 김기태
346 왜 그 음식은 먹지 않을까 | 정한진
347 플라멩코 | 최명호
348 월트 디즈니 | 김지영
349 빌 게이츠 | 김익현
350 스티브 잡스 | 김상훈
351 잭 웰치 | 하정필
352 워렌 버핏 | 이민주
353 조지 소로스 | 김성진
354 마쓰시타 고노스케 | 권혁기
355 도요타 | 이우광
356 기술의 역사 | 송성수
357 미국의 총기 문화 | 손영호
358 표트르 대제 | 박지배
359 조지 워싱턴 | 김형곤
360 나폴레옹 | 서정복
361 비스마르크 | 김장수
362 모택동 | 김승일
363 러시아의 정체성 | 기연수
364 너는 시방 위험한 로봇이다 | 오은
365 발레리나를 꿈꾼 로봇 | 김선혁
366 로봇 선생님 가라사대 | 안동근
367 로봇 디자인의 숨겨진 규칙 | 구신애
368 로봇을 향한 열정, 일본 애니메이션 | 안병욱
369 도스토예프스키 | 박영은
370 플라톤의 교육 | 장영란
371 대공황 시대 | 양동휴
372 미래를 예측하는 힘 | 최연구
373 꼭 알아야 하는 미래 질병 10가지 | 우정헌
374 과학기술의 개척자들 | 송성수
375 레이첼 카슨과 침묵의 봄 | 김재호
376 좋은 문장 나쁜 문장 | 송준호
377 바울 | 김호경
378 테킬라 이야기 | 최명호
379 어떻게 일본 과학은 노벨상을 탔는가 | 김범성
380 기후변화 이야기 | 이유진
381 샹송 | 전금주
382 이슬람 예술 | 전완경
383 페르시아의 종교 | 유흥태
384 삼위일체론 | 유해무
385 이슬람 율법 | 공일주
386 금강경 | 곽철환
387 루이스 칸 | 김낙중 · 정태용
388 톰 웨이츠 | 신주현
389 위대한 여성 과학자들 | 송성수
390 법원 이야기 | 오호택
391 명예훼손이란 무엇인가 | 안상운
392 사법권의 독립 | 조지형
393 피해자학 강의 | 장규원
394 정보공개란 무엇인가 | 안상운
395 적정기술이란 무엇인가 | 김정태 · 홍성욱
396 치명적인 금융위기, 왜 유독 대한민국인가 | 오형규
397 지방자치단체, 돈이 새고 있다 | 최인욱
398 스마트 위험사회가 온다 | 민경식
399 한반도 대재난, 대책은 있는가 | 이정직
400 불안사회 대한민국, 복지가 해답인가 | 신광영
401 21세기 대한민국 대외전략 | 김기수
402 보이지 않는 위협, 종북주의 | 류현수
403 우리 헌법 이야기 | 오호택
404 핵심 중국어 간체자(简体字) | 김현정
405 문화생활과 문화주택 | 김용범
406 미래주거의 대안 | 김세용 · 이재준
407 개방과 폐쇄의 딜레마, 북한의 이중적 경제 | 남성욱 · 정유석
408 연극과 영화를 통해 본 북한 사회 | 민병욱
409 먹기 위한 개방, 살기 위한 핵외교 | 김계동
410 북한 정권 붕괴 가능성과 대비 | 전경주
411 북한을 움직이는 힘, 군부의 패권경쟁 | 이영훈
412 인민의 천국에서 벌어지는 인권유린 | 허만호
413 성공을 이끄는 마케팅 법칙 | 추성엽
414 커피로 알아보는 마케팅 베이직 | 김민주
415 쓰나미의 과학 | 이호준
416 20세기를 빛낸 극작가 20인 | 백승무

417 20세기의 위대한 지휘자 | 김문경
418 20세기의 위대한 피아니스트 | 노태헌
419 뮤지컬의 이해 | 이동섭
420 위대한 도서관 건축 순례 | 최정태
421 아름다운 도서관 오디세이 | 최정태
422 롤링 스톤즈 | 김기범
423 서양 건축과 실내디자인의 역사 | 천진희
424 서양 가구의 역사 | 공혜원
425 비주얼 머천다이징&디스플레이 디자인 | 강희수
426 호감의 법칙 | 김경호
427 시대의 지성, 노암 촘스키 | 임기대
428 역사로 본 중국음식 | 신계숙
429 일본요리의 역사 | 박병학
430 한국의 음식문화 | 도현신
431 프랑스 음식문화 | 민혜련
432 중국차 이야기 | 조은아
433 디저트 이야기 | 안호기
434 치즈 이야기 | 박승용
435 면(麵) 이야기 | 김한송
436 막걸리 이야기 | 정은숙
437 알렉산드리아 비블리오테카 | 남태우
438 개헌 이야기 | 오호택
439 전통 명품의 보고, 규장각 | 신병주
440 에로스의 예술, 발레 | 김도윤
441 소크라테스를 알라 | 장영란
442 소프트웨어가 세상을 지배한다 | 김재호
443 국제난민 이야기 | 김철민
444 셰익스피어 그리고 인간 | 김도윤
445 명상이 경쟁력이다 | 김필수
446 갈매나무의 시인 백석 | 이승원
447 브랜드를 알면 자동차가 보인다 | 김흥식
448 파이온에서 힉스 입자까지 | 이강영
449 알고 쓰는 화장품 | 구희연
450 희망이 된 인문학 | 김호연
451 한국 예술의 큰 별 동랑 유치진 | 백형찬
452 경허와 그 제자들 | 우봉규
453 논어 | 윤홍식
454 장자 | 이기동
455 맹자 | 장현근
456 관자 | 신창호
457 순자 | 윤무학
458 미사일 이야기 | 박준복
459 사주(四柱) 이야기 | 이지형
460 영화로 보는 로큰롤 | 김기범
461 비타민 이야기 | 김정환
462 장군 이순신 | 도현신
463 전쟁의 심리학 | 이윤규
464 미국의 장군들 | 여영무
465 첨단무기의 세계 | 양낙규
466 한국무기의 역사 | 이내주
467 노자 | 임헌규
468 한비자 | 윤찬원
469 묵자 | 박문현
470 나는 누구인가 | 김용신
471 논리적 글쓰기 | 여세주
472 디지털 시대의 글쓰기 | 이강룡
473 NLL을 말하다 | 이상철
474 뇌의 비밀 | 서유헌
475 버트런드 러셀 | 박병철
476 에드문트 후설 | 박인철
477 공간 해석의 지혜, 풍수 | 이지형
478 이야기 동양철학사 | 강성률
479 이야기 서양철학사 | 강성률
480 독일 계몽주의의 유학적 기초 | 전홍석
481 우리말 한자 바로쓰기 | 안광희
482 유머의 기술 | 이상훈
483 관상 | 이태룡
484 가상학 | 이태룡
485 역경 | 이태룡
486 대한민국 대통령들의 한국경제 이야기 1 | 이장규
487 대한민국 대통령들의 한국경제 이야기 2 | 이장규
488 별자리 이야기 | 이형철 외
489 셜록 홈즈 | 김재성
490 역사를 움직인 중국 여성들 | 이양자
491 중국 고전 이야기 | 문승용
492 발효 이야기 | 이미란
493 이승만 평전 | 이주영
494 미군정시대 이야기 | 차상철
495 한국전쟁사 | 이희진
496 정전협정 | 조성훈
497 북한 대남 침투도발사 | 이윤규
498 수상 | 이태룡
499 성명학 | 이태룡
500 결혼 | 남정욱
501 광고로 보는 근대문화사 | 김병희
502 시조의 이해 | 임형선
503 일본인은 왜 속마음을 말하지 않을까 | 임영철
504 내 사랑 아다지오 | 양태조
505 수프림 오페라 | 김도윤
506 바그너의 이해 | 서정원
507 원자력 이야기 | 이정익
508 이스라엘과 창조경제 | 정성호
509 한국 사회 빈부의식은 어떻게 변했는가 | 김용신
510 요하문명과 한반도 | 우실하
511 고조선왕조실록 | 이희진
512 고구려조선왕조실록 1 | 이희진
513 고구려조선왕조실록 2 | 이희진
514 백제왕조실록 1 | 이희진
515 백제왕조실록 2 | 이희진
516 신라왕조실록 1 | 이희진
517 신라왕조실록 2 | 이희진
518 신라왕조실록 3 | 이희진
519 가야왕조실록 | 이희진
520 발해왕조실록 | 구난희
521 고려왕조실록 1 (근간)
522 고려왕조실록 2 (근간)
523 조선왕조실록 1 | 이성무
524 조선왕조실록 2 | 이성무

525 조선왕조실록 3 | 이성무
526 조선왕조실록 4 | 이성무
527 조선왕조실록 5 | 이성무
528 조선왕조실록 6 | 편집부
529 정한론 | 이기용
530 청일전쟁 | 이성환
531 러일전쟁 | 이성환
532 이슬람 전쟁사 | 진원숙
533 소주이야기 | 이지형
534 북한 남침 이후 3일간, 이승만 대통령의 행적 | 남정옥
535 제주 신화 1 | 이석범
536 제주 신화 2 | 이석범
537 제주 전설 1 | 이석범 (절판)
538 제주 전설 2 | 이석범 (절판)
539 제주 전설 3 | 이석범 (절판)
540 제주 전설 4 | 이석범 (절판)
541 제주 전설 5 | 이석범 (절판)
542 제주 민담 | 이석범
543 서양의 명장 | 박기련
544 동양의 명장 | 박기련
545 루소, 교육을 말하다 | 고봉만 · 황성원
546 철학으로 본 앙트러프러너십 | 전인수
547 예술과 앙트러프러너십 | 조명계
548 예술마케팅 | 전인수
549 비즈니스상상력 | 전인수
550 개념설계의 시대 | 전인수
551 미국 독립전쟁 | 김형곤
552 미국 남북전쟁 | 김형곤
553 초기불교 이야기 | 곽철환
554 한국가톨릭의 역사 | 서정민
555 시아 이슬람 | 유흥태
556 스토리텔링에서 스토리두잉으로 | 윤주
557 백세시대의 지혜 | 신현동
558 구보 씨가 살아온 한국 사회 | 김병희
559 정부광고로 보는 일상생활사 | 김병희
560 정부광고의 국민계몽 캠페인 | 김병희
561 도시재생이야기 | 윤주
562 한국의 핵무장 | 김재엽
563 고구려 비문의 비밀 | 정호섭
564 비슷하면서도 다른 한중문화 | 장범성
565 급변하는 현대 중국의 일상 | 장시,리우린,장범성
566 중국의 한국 유학생들 | 왕링윈, 장범성
567 밥 딜런 그의 나라에는 누가 사는가 | 오민석
568 언론으로 본 정부 정책의 변천 | 김병희
569 전통과 보수의 나라 영국 1-영국 역사 | 한일동
570 전통과 보수의 나라 영국 2-영국 문화 | 한일동
571 전통과 보수의 나라 영국 3-영국 현대 | 김언조
572 제1차 세계대전 | 윤형호
573 제2차 세계대전 | 윤형호
574 라벨로 보는 프랑스 포도주의 이해 | 전경준
575 미셸 푸코, 말과 사물 | 이규현
576 프로이트, 꿈의 해석 | 김석
577 왜 5왕 | 홍성화
578 소가씨 4대 | 나행주
579 미나모토노 요리토모 | 남기학
580 도요토미 히데요시 | 이계황
581 요시다 쇼인 | 이희복
582 시부사와 에이이치 | 양의모
583 이토 히로부미 | 방광석
584 메이지 천황 | 박진우
585 하라 다카시 | 김영숙
586 히라쓰카 라이초 | 정애영
587 고노에 후미마로 | 김봉식
588 모방이론으로 본 시장경제 | 김진식
589 보들레르의 풍자적 현대문명 비판 | 이건수
590 원시유교 | 한성구
591 도가 | 김대근
592 춘추전국시대의 고민 | 김현주
593 사회계약론 | 오수웅

위대한 도서관 건축 순례

펴낸날 초판 1쇄 2012년 5월 15일
초판 2쇄 2021년 11월 10일

지은이 최정태
펴낸이 심만수
펴낸곳 (주)살림출판사
출판등록 1989년 11월 1일 제9-210호

주소 경기도 파주시 광인사길 30
전화 031-946-1350 팩스 031-624-1356
홈페이지 http://www.sallimbooks.com
이메일 book@sallimbooks.com

ISBN 978-89-522-1843-8 04080
978-89-522-0096-9 04080 (세트)

※ 값은 뒤표지에 있습니다.
※ 잘못 만들어진 책은 구입하신 서점에서 바꾸어 드립니다.

085 책과 세계

강유원(철학자)

책이라는 텍스트는 본래 세계라는 맥락에서 생겨났다. 인류가 남긴 고전의 중요성은 바로 우리가 가 볼 수 없는 세계를 글자라는 매개를 통해서 우리에게 생생하게 전해 주는 것이다. 이 책은 역사라는 시간과 지상이라고 하는 공간 속에 나타났던 텍스트를 통해 고전에 담겨진 사회와 사상을 드러내려 한다.

056 중국의 고구려사 왜곡 eBook

최광식(고려대 한국사학과 교수)

중국의 고구려사 왜곡의 숨은 의도와 논리, 그리고 우리의 대응 방안을 다뤘다. 저자는 동북공정이 국가 차원에서 진행되는 정치적 프로젝트임을 치밀하게 증언한다. 경제적 목적과 영토 확장의 이해관계 등이 복잡하게 얽혀 있는 동북공정의 진정한 배경에 대한 설명, 고구려의 역사적 정체성에 대한 문제, 고구려사 왜곡에 대한 우리의 대처방법 등이 소개된다.

291 프랑스 혁명 eBook

서정복(충남대 사학과 교수)

프랑스 혁명은 시민혁명의 모델이자 근대 시민국가 탄생의 상징이지만, 그 실상을 아는 사람은 많지 않다. 프랑스 혁명이 바스티유 습격 이전에 이미 시작되었으며, 자유와 평등 그리고 공화정의 꽃을 피기 위해 너무 많은 피를 흘렸고, 혁명의 과정에서 해방과 공포가 엇갈리고 있었다는 등의 이야기를 통해 프랑스 혁명의 실상을 소개한다.

139 신용하 교수의 독도 이야기 eBook

신용하(백범학술원 원장)

사학계의 원로이자 독도 관련 연구의 대가인 신용하 교수가 일본의 독도 영토 편입문제를 걱정하며 일반 독자가 읽기 쉽게 쓴 책. 저자는 역사적으로나 국제법상으로 실효적 점유상으로나, 어느 측면에서 보아도 독도는 명백하게 우리 땅이라고 주장하며 여러 가지 역사적인 자료를 제시한다.

144 페르시아 문화

eBook

신규섭(한국외대 연구교수)

인류 최초 문명의 뿌리에서 뻗어 나와 아랍을 넘어 중국, 인도와 파키스탄, 심지어 그리스에까지 흔적을 남긴 페르시아 문화에 대한 개론서. 이 책은 오랫동안 베일에 가려 있던 페르시아 문명을 소개하여 이슬람에 대한 편견과 오해를 바로 잡는다. 이태백이 이란계였다는 사실, 돈황과 서역, 이란의 현대 문화 등이 서술된다.

086 유럽왕실의 탄생

김현수(단국대 역사학과 교수)

인류에게 '예술과 문명' 그리고 '근대와 국가'라는 개념을 선사한 유럽왕실. 유럽왕실의 탄생배경과 그 정체성은 무엇인가? 이 책은 게르만의 한 종족인 프랑크족과 메로빙거 왕조, 프랑스의 카페 왕조, 독일의 작센 왕조, 잉글랜드의 웨섹스 왕조 등 수많은 왕조의 출현과 쇠퇴를 통해 유럽 역사의 변천을 소개한다.

016 이슬람 문화

이희수(한양대 문화인류학과 교수)

이슬람교와 무슬림의 삶, 테러와 팔레스타인 문제 등 이슬람 문화 전반을 다룬 책. 저자는 그들의 멋과 가치관을 흥미롭게 설명하면서 한편으로 오해와 편견에 사로잡혀 있던 시각의 일대 전환을 요구한다. 이슬람교와 기독교의 관계, 무슬림의 삶과 낭만, 이슬람 원리주의와 지하드의 실상, 팔레스타인 분할 과정 등의 내용이 소개된다.

100 여행 이야기

eBook

이진홍(한국외대 강사)

이 책은 여행의 본질 위를 '길거리의 철학자'처럼 편안하게 소요한다. 먼저 여행의 역사를 더듬어 봄으로써 여행이 어떻게 인류 역사의 형성과 같이해 왔는지를 생각하고, 다음으로 여행의 사회학적 · 심리학적 의미를 추적함으로써 여행에 어떤 의미를 부여할 것인가에 대해 말한다. 또한 우리의 내면과 여행의 관계 정의를 시도한다.

293 문화대혁명 중국 현대사의 트라우마

eBook

백승욱(중앙대 사회학과 교수)

중국의 문화대혁명은 한두 줄의 정부 공식 입장을 통해 정리될 수 없는 중대한 사건이다. 20세기 중국의 모든 모순은 사실 문화대혁명 시기에 집약되어 있다고 해도 과언이 아니다. 사회주의 시기의 국가·당·대중의 모순이라는 문제의 복판에서 문화대혁명을 다시 읽을 필요가 있는 지금, 이 책은 문화대혁명에 대한 안내자가 될 것이다.

174 정치의 원형을 찾아서

eBook

최자영(부산외국어대학교 HK교수)

인류가 걸어온 모든 정치체제들을 매우 짧은 기간 동안 시험하고 정비한 나라, 그리스. 이 책은 과두정, 민주정, 참주정 등 고대 그리스의 정치사를 추적하고, 정치가들의 파란만장한 일화 등을 소개하고 있다. 특히 이 책의 저자는 아테네인들이 추구했던 정치방법이 오늘 우리 사회가 당면한 문제를 해결할 수 있는 지혜의 발견에 도움을 줄 수 있을 것이라고 말한다.

420 위대한 도서관 건축순례

eBook

최정태(부산대학교 명예교수)

이 책은 도서관의 건축을 중심으로 다룬 일종의 기행문이다. 고대 도서관에서부터 21세기에 완공된 최첨단 도서관까지, 필자는 가능한 많은 도서관을 직접 찾아보려고 애썼다. 미처 방문하지 못한 도서관에 대해서는 문헌과 그림 등 가능한 많은 정보를 수집하려 노력했다. 필자의 단상들을 함께 읽는 동안 우리 사회에서 도서관이 차지하는 의미에 대해 다시 생각하게 된다.

421 아름다운 도서관 오디세이

eBook

최정태(부산대학교 명예교수)

이 책은 문헌정보학과에서 자료 조직을 공부하고 평생을 도서관에 몸담았던 한 도서관 애찬가의 고백이다. 필자는 퇴임 후 지금까지 도서관을 돌아다니면서 직접 보고 배운 것이 40여 년 동안 강단과 현장에서 보고 얻은 이야기보다 훨씬 많았다고 말한다. '세계 도서관 여행 가이드'라 불러도 손색없을 만큼 풍부하고 다채로운 내용이 이 한 권에 담겼다.

eBook 표시가 되어있는 도서는 전자책으로 구매가 가능합니다.

016 이슬람 문화 | 이희수
017 살롱문화 | 서정복 eBook
020 문신의 역사 | 조현설 eBook
038 헬레니즘 | 윤진 eBook
056 중국의 고구려사 왜곡 | 최광식 eBook
085 책과 세계 | 강유원
086 유럽왕실의 탄생 | 김현수 eBook
087 박물관의 탄생 | 전진성 eBook
088 절대왕정의 탄생 | 임승휘 eBook
100 여행 이야기 | 이진홍 eBook
101 아테네 | 장영란 eBook
102 로마 | 한형곤 eBook
103 이스탄불 | 이희수 eBook
104 예루살렘 | 최창모 eBook
105 상트 페테르부르크 | 방일권 eBook
106 하이델베르크 | 곽병휴 eBook
107 파리 | 김복래 eBook
108 바르샤바 | 최건영 eBook
109 부에노스아이레스 | 고부안 eBook
110 멕시코 시티 | 정혜주 eBook
111 나이로비 | 양철준 eBook
112 고대 올림픽의 세계 | 김복희 eBook
113 종교와 스포츠 | 이창익 eBook
115 그리스 문명 | 최혜영
116 그리스와 로마 | 김덕수 eBook
117 알렉산드로스 | 조현미
138 세계지도의 역사와 한반도의 발견 | 김상근 eBook
139 신용하 교수의 독도 이야기 | 신용하
140 간도는 누구의 땅인가 | 이성환 eBook
143 바로크 | 신정아 eBook
144 페르시아 문화 | 신규섭 eBook
150 모던 걸, 여우 목도리를 버려라 | 김주리 eBook
151 누가 하이카라 여성을 데리고 사누 | 김미지 eBook
152 스위트 홈의 기원 | 백지혜 eBook
153 대중적 감수성의 탄생 | 강심호 eBook
154 에로 그로 넌센스 | 소래섭 eBook
155 소리가 만들어낸 근대의 풍경 | 이승원 eBook
156 서울은 어떻게 계획되었는가 | 염복규 eBook
157 부엌의 문화사 | 함한희
171 프랑크푸르트 | 이기식 eBook
172 바그다드 | 이동은 eBook
173 아테네인, 스파르타인 | 윤진 eBook
174 정치의 원형을 찾아서 | 최자영 eBook
175 소르본 대학 | 서정복 eBook
187 일본의 서양문화 수용사 | 정하미
188 번역과 일본의 근대 | 최경옥
189 전쟁국가 일본 | 이성환 eBook
191 일본 누드 문화사 | 최유경
192 주신구라 | 이준섭
193 일본의 신사 | 박규태 eBook
220 십자군, 성전과 약탈의 역사 | 진원숙
239 프라하 | 김규진 eBook
240 부다페스트 | 김성진 eBook
241 보스턴 | 황선희
242 돈황 | 전인초 eBook
249 서양 무기의 역사 | 이내주
250 백화점의 문화사 | 김인호
251 초콜릿 이야기 | 정한진
252 향신료 이야기 | 정한진
259 와인의 문화사 | 고형욱
269 이라크의 역사 | 공일주
283 초기 기독교 이야기 | 진원숙
285 비잔틴제국 | 진원숙 eBook
286 오스만제국 | 진원숙 eBook
291 프랑스 혁명 | 서정복 eBook
292 메이지유신 | 장인성
293 문화대혁명 | 백승욱 eBook
294 기생 이야기 | 신현규 eBook
295 에베레스트 | 김법모 eBook
296 빈 | 인성기 eBook
297 발트3국 | 서진석 eBook
298 아일랜드 | 한일동
308 홍차 이야기 | 정은희 eBook
317 대학의 역사 | 이광주
318 이슬람의 탄생 | 진원숙
335 고대 페르시아의 역사 | 유흥태
336 이란의 역사 | 유흥태
337 에스파한 | 유흥태
342 다방과 카페, 모던보이의 아지트 | 장유정
343 역사 속의 채식인 | 이광조
371 대공황 시대 | 양동휴 eBook
420 위대한 도서관 건축순례 | 최정태 eBook
421 아름다운 도서관 오디세이 | 최정태 eBook
423 서양 건축과 실내 디자인의 역사 | 천진희 eBook
424 서양 가구의 역사 | 공혜원 eBook
437 알렉산드리아 비블리오테카 | 남태우 eBook
439 전통 명품의 보고, 규장각 | 신병주 eBook
443 국제난민 이야기 | 김철민 eBook
462 장군 이순신 | 도현신 eBook
463 전쟁의 심리학 | 이윤규 eBook
466 한국무기의 역사 | 이내주 eBook
486 대한민국 대통령들의 한국경제 이야기1 | 이장규 eBook
487 대한민국 대통령들의 한국경제 이야기2 | 이장규 eBook
490 역사를 움직인 중국 여성들 | 이양자 eBook
493 이승만 평전 | 이주영 eBook
494 미군정시대 이야기 | 차상철 eBook
495 한국전쟁사 | 이희진 eBook
496 정전협정 | 조성훈 eBook
497 북한 대남침투도발사 | 이윤규 eBook
510 요하 문명(근간)
511 고조선왕조실록(근간)
512 고구려왕조실록 1(근간)
513 고구려왕조실록 2(근간)
514 백제왕조실록 1(근간)
515 백제왕조실록 2(근간)
516 신라왕조실록 1(근간)
517 신라왕조실록 2(근간)
518 신라왕조실록 3(근간)
519 가야왕조실록(근간)
520 발해왕조실록(근간)
521 고려왕조실록 1(근간)
522 고려왕조실록 2(근간)
523 조선왕조실록 1 | 이성무 eBook
524 조선왕조실록 2 | 이성무 eBook
525 조선왕조실록 3 | 이성무 eBook
526 조선왕조실록 4 | 이성무 eBook
527 조선왕조실록 5 | 이성무 eBook
528 조선왕조실록 6 | 편집부 eBook

(주)살림출판사
www.sallimbooks.com
주소 경기도 파주시 문발동 522-1 | 전화 031-955-1350 | 팩스 031-955-1355